정의
중독

인간이
타인을 용서하지
못하는 이유

정의
중독

나카노 노부코 지음 — 김현정 옮김

시크릿하우스

모든 형태의 중독은 악이다.
그것이 술이든, 몰핀이든, 이상주의든.

칼 융Carl Jung, 정신과 의사이자 심리학자

당신이 용서하지 못하는 건
뇌 때문이다

타인을 비난하며
쾌감을 얻는 뇌

당신은 어떨 때 타인을 '용서할 수 없다'는 생각이 드는가?

연인이나 배우자가 바람을 피웠다.

상사에게 갑질과 성희롱을 당했다.

믿었던 친구에게 배신을 당했다.

우리 주변에 이런 일을 겪은 사람은 생각보다 많을 것이다. 이때 생기는 '용서할 수 없는' 감정은 그들이 겪은 피해에 대한 분노이므로 화가 나는 것이 당연하다.

그렇다면 이런 경우는 어떨까?

청순한 모범생 이미지로 잘나가던 여성 탤런트가 불륜을 저질렀다.

식당 종업원이 문제될 만한 영상을 장난으로 SNS에 올렸다.

대기업이 광고에서 차별적인 표현을 사용했다.

물론 불륜은 법적으로도 해서는 안 되는 일이며, 식당 영업을 방해할 만한 영상을 올리는 행위는 형사 처벌도 가능하다. 또 광고에서 특정 사람들을 차별하는 표현을 사용하는 것도 문제가 된다.

하지만 당신이 직접적인 불이익을 받지도 않았고 당사자와 관계도 없는데, 강한 분노와 미움의 감정이 생긴다면? 일면식도 없는 상대에게 공격적인 말을 퍼붓고 완전히 짓밟아야 직성이 풀린다면 '용서할 수 없는' 감정이 폭주한 상태다.

인간은 누구나 이러한 상태에 빠질 수 있다.

인간의 뇌는 범법자나 배신자 등 누가 봐도 비난받아 마땅한 대상을 찾아 벌하는 데 쾌감을 느끼도록 만들어져 있다.

타인에게 '정의의 철퇴'를 가하면 뇌의 쾌락중추가 자극을 받아 쾌락물질인 도파민이 분비된다. 이 쾌락에 한번 빠지면 쉽게 헤어나지 못하며, 항상 벌할 대상을 찾아 헤매고 타인을 절대 용서하려 하지 않는다.

나는 이런 상태를 정의에 취해 버린 중독 상태, 이른바 '정의 중독'이라 부른다. 인지 구조가 의존증과 거의 비슷하기 때문이다.

유명인의 불륜 스캔들이 보도될 때면 "어떻게 저런 짓을! 저건 절대 용서하면 안 돼"라며 비난을 퍼붓고, 누군가의 문제 영상이 올라오면 그가 일반인이더라도 그는 물론 가족들의 신상 정보까지 공개해 버린다. 또 기업의 광고가 마음에 들지 않으면 해당 상품과 관계없는 부분까지도 죄다 들추어내 따지고 든다.

'저런 짓은 절대 용서할 수 없어.'
'잘못을 저지른 사람은 호되게 벌을 받아야 해.'
'난 옳고 쟤는 틀렸으니까 심한 말을 퍼부어도 괜찮아.'

이런 사고 패턴은 한번 생기면 멈출 수 없기 때문에 무섭다. 본래 갖고 있던 냉정함, 자제력, 배려심, 공감력 등은 모두 사라지고, 평소와 너무도 다른 공격적인 인격으로 변해 버리기 때문이다.

특히 그 대상이 불륜 스캔들 같은 '명백한 잘못'을 저질렀고 아무리 공격해도 자신의 입장이 곤란해지지 않는 상황이라면, 그야말로 정의를 외칠 절호의 기회다.

누구나 정의 중독에 빠질 수 있다

이렇게 악의적인 댓글이 쇄도하는 현상을 객관적으로 바라보는 사람도 많다. 하지만 우리의 뇌 구조상 정의 중독에 빠질 가능성은 누구나 있다. 이렇게 말하는 필자 역시 조심해야 한다.

또 자신은 의도하지 않았더라도 정의 중독자들의 표적이 될 수 있다. 별 생각 없이 SNS에 올린 사진이 생판 모르는 사람의 심기를 건드려 '경솔하다' '잘못했다' 등의 비난을 받는 경우가 그 전형적인 예다.

정의 중독 상태에 빠지면 나와 다른 것을 모두 악惡으로

간주한다. 나와 다른 생각을 가졌거나 이해할 수 없는 언행을 보이면 '몰상식한 인간'이라 규정짓고 어떻게 공격할지, 상대에게 최대한 큰 타격을 주기 위해 어떤 말을 할지 고심하게 된다.

누가 옳고 그른가를 떠나 양측 모두 자신이 정의라고 확신해 공격하기 시작하면 해결점을 찾기가 매우 힘들다.

심지어 참여자들이 그 상황 자체를 하나의 이벤트로 여겨 적극적으로 즐기는 듯 보일 때도 있다. '어쩌면 처음부터 해결할 마음이 없었던 것은 아닐까?' 하는 생각마저 든다. 가만히 지켜보면, 얼마나 능숙하고 효율적으로 상대를 깎아내리는지 그 기술을 겨루는 시합을 보는 것만 같다.

이는 '매우 심각한' 정의 중독 상태라고 할 수 있다.

어려운 상황을 극복해 새로운 답을 찾으려 하기보다는, 스스로의 정의에 취해 상대를 일방적으로 깎아내리는 데 만족감을 느끼는 것이다.

'타인을 용서하지 못하는 자신'을 용서할 수 없는 고통

하지만 모든 사람들이 걸핏하면 화를 내거나 아무나 붙잡고 공격하는 것은 아니다. 대부분 평소에는 더할 나위 없이 상식적이고 온화한 태도를 보이다가 특정 주제나 상황이 주어지면 180도 돌변한다.

자신과 다른 설을 주창하는 상대를 가만두지 않는다거나 특정 팀을 응원하는 사람을 용납하지 못하는 경우가 그 흔한 예다.

또 실제로 타인을 대면하는 현실 세계에서는 잘 참으면서, 인터넷이나 SNS와 같은 비대면 세계에서는 공격적으로 변하는 경우도 상당히 많다. 어쩌면 인터넷 사용의 보편화가 정의 중독을 수면 위로 끌어올리고 심화시킨 것은 아닐까?

한편 정의 중독 행위에 쾌감을 느낌과 동시에 상대를 매도하는 자신이 도저히 용서가 안 되는 사람들도 있다. 상대를 실컷 욕하고 난 뒤, 돌아서서 후회하거나 자기혐오에 빠지는 것이다.

난 이러한 상반된 감정이 어떻게 공존할 수 있는지가 매우 흥미로웠다. 하지만 과학적인 의미에서 결론이라고 할 만한 확실한 근거는 얻지 못했다. 다만 '타인을 용서하지 못해 괴롭다' '그런 내 자신을 용서하기가 힘들다'라고 느끼는 사람은 실제로 존재하며, 그 상황을 직접 목격한 적은 있다.

서로 헐뜯고 매도하면서 접점을 찾지 못한 채 증오심만 점점 커져 가는 세상.

타인의 실수를 비난하여 스스로를 정당화하고 순간의 쾌락을 얻는다 해도, 매일 타인의 언행에 짜증내며 '용서 못해!'라는 강한 분노를 느낀다면 결코 행복한 삶이라 할 수 없다.

이 책이 정의 중독 때문에 힘들어하는 사람들에게 뇌과학적인 견해에서 어떠한 형태로는 도움이 되길 바란다.

나와 다른 사람을 이해하는 뇌과학의 힌트

'용서하지 못하는' 감정을 느끼지 않는 가장 확실한 방법은 아무와도 관계 맺지 않고 혼자 살거나 가치관이 잘 맞는 사람만 만나는 것이다.

하지만 현실적으로 사회생활을 하면서 타인과 관계 맺지

않기란 쉬운 일이 아니다.

앞서 잠깐 언급했듯이, 타인을 용서할 수 없는 감정의 발로는 뇌 구조와 큰 관련이 있다.

인간은 혼자 살 수 없다. 그러므로 자신과 다른 생각을 하는 사람을 '용납할 수 없다' '이해할 수 없다' '바보 같다'며 끊어 내거나 미워하지 말고, '내가 혹은 내 뇌가 용서할 수 없다고 느끼는 이유가 무엇인지'를 먼저 생각해 보는 것이 자신의 인생에, 나아가 사회 전체에 크게 도움이 될 것이다.

타인을 비난하여 쾌감을 얻는 것, 타인에게 비난받아 상처를 입는 것, 그러한 마찰이 두려워 소통 자체를 꺼리거나 의사 표시를 자제하는 것 모두 결국은 상호 이해가 부족한 탓이다.

이 책에서는 그러한 삶의 고충을 조금이라도 해소하여 마음 편히 살아가기 위한 비결을 알려 주고자 한다. 가까이 있는 것부터 시작하라는 등의 뻔한 말들은 하지 않겠다. 다만 타인을 용서하지 못하는 자신을 이해하고 타인을 너그럽게 용서하기 위해서는 뇌 구조를 알아 두는 것이 유용함은 분명하다.

이는 나와 다른 타인을 어떻게 하면 이해할 수 있을지 생각해 보는 것과 같다. 여기에는 뇌과학적 현상에 대한 설명과 과거의 연구 사례 등이 도움이 될 것이다.

모든 사람을 이해하는 건 불가능하더라도, 할 수만 있다면 타인에게 필요 이상의 분노와 불만, 미움의 감정을 품지 않고 평온하게 사는 편이 좋지 않을까? 그런 생각이 든다면 이 책이 조금이나마 도움이 될 것이다.

차 례

1장

마녀사냥의 희열,
인터넷 시대의 정의 중독

드러나지 않았던 분쟁을
수면 위로 끌어올리다

인간이 사회를 이루어 살게 된 이래로 '누군가를 용서할 수 없는' 상황은 늘 존재했다. 하지만 그런 감정을 품었다고 해서 실제로 상대에게 "용서 못 해!"라고 말하는 건 또 다른 문제다.

서로 마주 앉아 원칙에 근거한 건설적인 논의를 한다면 몰라도, 자신의 의견에 반대한다는 이유만으로 서로를 매도하는 행위는 코흘리개들의 싸움과 다를 바 없다.

누구에게나 정해진 굴레와 사회적 입장이 있고, 이해득실을 따지거나 상대의 기분을 헤아려야 하는 상황도 있다.

때문에 실제 인간관계 속에서는 용서하지 못하는 감정을 삼키고 드러내지 않는 것을 바람직한 태도로 여긴다. 평사원이 사장에게, 영업 담당자가 고객에게 하는 행동을 떠올려 보자. 아무리 화가 나도 분노 섞인 태도를 보이거나 욕을 퍼붓지 않는다. 대부분 본심은 억지로 지은 미소 뒤에 조심스럽게 숨겨 둔다. 자신의 의견을 명확히 말하지 않는 사람이 많은 일본에서는 그러한 경향이 더욱 뚜렷하다.

이런 상황을 가시화한 것이 바로 인터넷 사회의 출현, 그중에서도 특히 SNS의 보급이다.

익명성 뒤에 숨어 근거 없는 정보를 늘어놓거나 진위가 불분명한 고발, 또는 범죄 예고가 이루어지는 인터넷 사회가 출현한 지도 20년이 훌쩍 넘었다. 초창기의 인터넷 사회는 이른바 비주류들의 세계였다. 적어도 대부분의 사람들이 참여한다고는 보기 어려웠으며, 현실 사회와는 별개로 존재하는 세계라는 사회적 공감대가 있었다.

하지만 트위터와 페이스북을 비롯한 SNS가 급속히 보급되면서 상황은 급변했다. 누구나 참여하고 발언할 수 있는 공간으로 확립되면서 인터넷 세계와 현실 세계가 중첩되기 시작한 것이다. 심지어 이제는 인터넷 세계가 여론까지 움직이는 힘을 갖게 되었다.

정의 중독

이러한 상황은 '용서하지 못하는' 감정을 처리하는 방법에 몇 가지 결정적인 변화를 일으켰다.

예를 들어, 유명인의 부주의한 발언이나 스캔들 등 누가 봐도 문제인 부정의不正義에 대해 수많은 일반인이 적극적으로 발언하기 시작한 것이다. 일반인도 마찬가지다. 실수로 부적절하거나 부정확한 정보를 SNS에 올리면 일면식도 없고 앞으로 만날 가능성조차 없는 타인에게 비난을 받는다. 이것이 점차 심해져 여러 사람에게 짧은 시간 동안 인신공격성 댓글을 받는 경우도 있다. 이른바 '악플 테러'다.

악플 테러를 할 때는 대부분 익명 계정을 사용한다. 어지간한 불법 행위만 아니면 본인에게 직접적인 위해가 없어 안전하기 때문이다. 골치 아플 듯싶으면 계정을 삭제하거나 그대로 방치해 둔다.

이런 사람들은 자신과 반대 의견을 가진 유명인에게 비난 댓글을 달며, 악플 테러를 당한 일반인에게도 가세해 자신만만하게 의견을 늘어놓는다. 자신이 지지하는 사람이 다른 사람과 논쟁이라도 벌인다 치면 용기백배하여 달려든다. 그러다가도 지금껏 지지했던 사람의 언행이 마음에 들지 않으면 갑자기 180도 돌변하여 공격하기 시작한다.

많은 사람이 SNS상에서 서로 폭탄을 던지고 미사일을 쏘

아대는 듯 보이지만, 실상은 근거가 빈약하고 비논리적인 트집이 대부분이다. 본인은 나름 상대에게 타격을 주고자 강력한 폭탄을 투척한 것이겠지만 실제로는 읽을 가치도 없는 수준의 응수가 많다.

난 이러한 상황을 지켜보는 것이 시간 낭비라고 생각하기 때문에 SNS 세계에는 거의 발을 들이지 않고 있다. 그렇게 한 발 떨어져 바라보니, SNS가 '용서하지 못하는' 인간의 감정을 가시화한 것이 분명하다는 생각이 든다. 누군가를 용서하지 않는 대신 자신을 긍정하고 자신이 옳다는 것을 인정받으려는 욕구, 이것의 또 다른 표현으로도 보인다. 나와 상반된 의견을 가진 대상을 어떻게든 찾아 싸움을 걸면 그만큼 자신이 '올바르게 살아가는 정의의 수호자'처럼 느껴지는 것이다. 정의 중독에 빠진 이들에게 SNS는 손쉽고 매력적인 도구다.

양날의 검이 된 SNS

유명인이 인터넷이나 SNS를 하는 것에는 몇 가지 장점이 있다. 팬이나 지지자들에게 직접 메시지를 보내거나 소통하여 더 깊은 관계를 맺을 수 있고, 경우에 따라서는 수익 활동으로도 이어진다.

예전에는 언론의 힘을 빌리지 않으면 불가능했던 의사 표명도 자유로이 할 수가 있다. 예를 들어, 갑자기 스캔들이 터졌을 때 기자회견을 열지 않고도 인터넷이나 SNS 등에서 자유롭게 자신의 생각을 말할 수 있게 된 것이다.

반면, 자주 일어나지만 쉽게 간과하는 단점도 있다.

유명인이나 전문가는 특정 업계에서 실력을 인정받아 대중들에게 널리 알려진 사람이다. 그런데 SNS에서는 기자가 아닌 일반인이 흥미 위주의 질문을 던지기도 한다. 간혹 거기에 걸려들어 자신의 전문 분야가 아닌 사안에 대해 기본 지식이 없는 상황에서 발언할 때가 있다.

또 최신 뉴스나 화제에 대해 언급하거나 지극히 일상적인 일을 SNS에 올렸다가 '몰상식하다' '의외로 무식하다' '무례하다' '사람을 무시한다' 등의 비난을 받을 때도 있다. 심지어 '고급 식당에서 밥을 먹더라' '명품을 샀더라' 등의 댓글을 보고 돈 자랑 한다며 질투 섞인 비난을 퍼붓는 사람들도 생겨난다.

이 또한 SNS의 보급이 낳은 광경 중 하나가 아닐까? 신문이나 잡지 같은 일방향 미디어만 있던 시대에는 유명인이나 전문가는 자신의 세계 안에서만 노출되었고 그 분야에 대해서만 말하면 충분했다. 다시 말해, 일반 대중에게 공격받을 기회나 위험성도 한정적이었으며 통제하기도 비교적 용이했다.

하지만 SNS가 등장하면서 타 분야에 대한 의견을 피력해야 하는 상황이 늘어났다. 또한 팬을 위해 공개한 사생활이나 정보들까지도 예상치 못한 방식으로 전달되면서, 정의 중독에 빠진 일반인들에게 '책잡힐 거리'를 던져 주는 결과로 이어졌다. 무슨 일이 터지면 지금까지 쌓아 온 이미지와의 갭 때문에 활동에 타격을 입을 우려가 생겼다.

상대와의 거리가 좁아지면서 단점이 보이는 현상은 대면 시대의 인간관계에서만 일어나던 것이었다. 알콩달콩 사이가 좋았던 커플도 결혼하면 서로의 흠을 발견하게 되며, 경우에 따라서는 이혼에 이르기도 한다는 것이 전형적인 예다.

SNS는 서로의 거리를 좁히는 효과는 물론, 자신의 지명도를 팔로워 수를 통해 쉽게 나타낼 수 있는 미디어다. 하지만 팔로워를 늘리려면 개인 정보를 많이 노출해야 한다고 생각해 조바심 내는 사람도 있다. 예를 들어 출산한 연예인

중에는 팬서비스의 일환으로 육아 일기를 공개하기도 하는데, "육아법이 비상식적이다" "아이의 프라이버시를 팔아 인기를 얻으려 한다" 등의 비난을 받는 경우도 보여 가슴이 아프다.

그동안 여성들에게 '동경의 대상' '이상적인 엄마'로 인기를 얻었다 하더라도, 글 하나 잘못 올려서 혹은 잘못 올렸단 의식조차 없는 상태에서 정의 중독자들에게 '용서해선 안 될 표적'이 되기도 한다. 경우에 따라서는 지독한 안티팬이 생길지도 모른다. 이는 이미지로 먹고 사는 직종의 사람들에게는 그야말로 사활이 걸린 문제다.

안티팬 중에는 심각한 정의 중독자들이 있다. 그들은 매일 SNS를 통해 본 적도 만난 적도 없는 유명인을 보며 질투와 미움을 키우고, 자신이 사회 정의를 구현한다고 굳게 믿어 실제로 흉악한 범죄 행위를 저지르기도 한다.

자신과 다르면 비웃고
매도하는 불모의 사회

이유는 알 수 없지만, 정의 중독자가 SNS에서 빈번하게 사용하는 단어가 바로 '멍청하다'는 표현이다.

자신이 옳다는 과도한 믿음에서 자신과 다른 생각을 가진 사람을 멍청하다고 단정 짓고 공격하는 것이다.

재해 등 좋지 않은 일이 생겼을 때 올라오는 무개념 발언들, 연예인의 불륜을 욕하는 비난 댓글도 이러한 견지에서 보면 '정말 개념이 없다' '저렇게 멍청한 짓을 하다니 용서할 수 없다' '욕먹어도 싸다'라고 생각한 정의 중독자들의 폭주라 볼 수 있다.

인터넷의 등장과 SNS의 보급으로 우리는 예전보다 훨씬 더 정의 중독에 빠지기 쉬운 환경에 놓였다. 또 중독 증상이 전 세계에 공개되는 장이 등장하면서, 누가 멍청한 짓을 저질렀고 누가 나보다 못난지를 항상 신경 써야 하는 상황이 되었다. 두려운 나머지 자신이 표적이 되지 않도록 타인을 비난하는 행위에 가담하는(혹은 모른 척하고 도와주지 않는) 현상이 나타나게 된 것이다. 이는 왕따가 될까 두려워 가해자 편에 서는 모습과 매우 흡사하다.

1984년 뉴질랜드 오타고대학교의 제임스 플린James Flynn 교수는 20세기 이후 인류의 지능 지수IQ는 매년 높아질 것이라 예상했다. 1932년과 1978년의 IQ를 비교했을 때 13.8 포인트 높아졌으며, 1년에 0.3포인트씩 상승했기 때문이다. 이를 '플린 효과Flynn effect'*라 한다(The mean IQ of Americans: Massive gains 1932 to 1978. (Flynn, J. R. (1984).) Psychological Bulletin, 95(1), 29-51).

영양 상태가 좋아지고 지식을 얻는 수단이 다양해지면서 인간의 지능은 점점 높아지는데, 정의 중독자들의 증세는 점점 심각해진다니 아이러니한 상황이 아닐 수 없다.

본래는 인간도 동물처럼 그저 세상에 태어나 먹고 자라며, 아침에 일어나 밤에 잠들고, 나이가 들면 죽는 그런 존재일 뿐이었는데 뇌를 발달시키는 바람에 오히려 더 힘들어지고 말았다. 서로 멍청하다고 매도하면서 해결 방법도, 애초에 해결할 마음도 없는 싸움을 계속하는 것이 인간이

---

* 세대가 진행될수록 IQ 지수가 높아지는 현상. 제임스 플린은 미국의 군대 지원자들의 IQ 검사 결과를 분석했는데, 그 결과 지원자들의 평균 IQ가 10년마다 3점씩 올라간다는 사실을 발견했다. 그리고 1987년 14개국으로 대상을 확대하여 실시한 조사에서도 비슷한 결과를 얻었다. IQ 증가가 지적 능력 향상을 의미하느냐에 대해서는 의견이 엇갈리지만, 플린은 특별한 유전체적 변화 없이 단시간에 그렇게 큰 진화적 변화가 나타날 수는 없다고 보았다. 그는 IQ가 증가하는 것은 지적 능력이 향상되어서라기보다는 정신적 활동을 점점 더 요구하는 현재의 사회 현상이 반영된 결과라 보았다. – 이하 모든 각주는 옮긴이 주.

라는 종의 특성이라면, 아마도 인간만큼 불행한 동물은 없을 것이다.

댓글 비즈니스에 놀아나는 정의 중독자들

한편 정의 중독자들을 한 발 물러나서 이성적으로 바라보는 사람들이 있다. 오히려 수많은 정의 중독자를 이용하는 예도 있다. 흔히 말하는 '댓글 비즈니스'가 이에 해당한다.

정의 중독자는 항상 스스로를 절대적인 정의라 확신하고 굶주린 동물처럼 부정의에 달려든다. 때문에 엔터테인먼트 사업의 경우 일부러 비난받을 것이 뻔한 잘못을 저지른 듯이 꾸며 그들에게 먹이를 던져 주고 돈을 버는 구조가 성립할 수 있었다.

누가 봐도 명백한 부정의가 발생해 여론이 들끓으면 의도적으로 당사자 측을 두둔하거나, 정의의 입장에 서서 비난하는 사람을 강하게 비판하는 것도 효과적인 전략이다. 그렇게 되면 정의 중독자들은 더 활활 타오를 테고, 이는 동시에 새로운 화제를 몰고 올 것이다. 이때 댓글 비즈니스를 시작한 쪽이 주목을 받게 된다. 최근 연예계와 연예기획사를 둘러싼 다양한 논의에서도 볼 수 있듯이, SNS의 등장으로 누구나 목소리를 낼 수 있는 환경이 만들어졌다.

한편 '그러한 행위를 댓글 비즈니스라고 비판하는 것 자체가 문제다'라든가 '언론 통제다'라는 목소리도 나오기 시작했다.

사건의 규모가 클수록 댓글 비즈니스 기회도 늘어나기 마련이다. 이때는 얼마나 빠르고 깔끔하며 강력하게 화제를 모으느냐가 핵심이므로, 단조로운 정보나 중립적인 견해를 유지하기 위해 노력할 필요는 없다.

정의 중독자가 달려들 만한 정의롭지 못한 소재를 재빠르게 공급할 수 있다면, 화제를 더욱 확산시켜 지명도와 인지도를 높이고 나아가 비즈니스를 확대시키는 것도 가능하다.

다양성을 없앤 집단은 멸망의 길을 걷는다

정의 중독에 빠진 사람들은 언뜻 보면 다들 자기만의 이론,

자기만의 정의를 갖고 있는 듯 보인다. 하지만 실제로는 자신이 표적이 될까 두려워 다수파에 들어간 경우가 많다.

예를 들어, A를 '개념이 없다'며 비난하는 여론이 주류가 되면 다른 의견을 가졌더라도 입 밖으로 꺼내기가 쉽지 않다. 이는 3장에서 설명할 동조압력과도 관련 있는 현상이다.

사회 전체가 이러한 방향으로 나아가면 장기적으로 봤을 때 매우 위험하다. 다양성을 없애는 집단은 단기적으로 보면 생산성과 출생률을 높여 성공한 듯 보이지만, 진화의 역사에서 보면 멸망의 길을 걸었기 때문이다.

다시 말해, 인간 종의 건전한 번영을 위해서는 다소 비용이 들더라도 어느 정도 다양성을 보장해야 한다는 것이다.

이것은 '당위성'의 문제가 아니라 어디까지나 '가능성'의 문제다. 현재의 환경과 조건이 급격히 변화해 그전까지 '옳다'고 여겼던 것의 중앙치가 크게 어긋나면, 지금껏 잘 적응하던 사람은 살기 힘들어지고 오히려 괴짜나 아웃사이더는 잘 적응하게 될지도 모르기 때문이다. 그러므로 종을 계속 유지해 나가려면 어느 정도 다양성을 확보하는 편이 안전하다.

기업에 비유하면 조금 더 이해하기 쉽다. 추진력이 강하고 화술이 뛰어난 영업 사원이 실적을 올리면 기업은 점점 그런 인재만 들이려 할 것이다. 하지만 갑자기 규제가 강화되어 기존의 영업 방식이 금지된다면 모든 영업 사원들의 손발이 묶이게 된다. 만약 온화하고 합리적이며 고객을 먼저 생각하는 담당자를 몇 명이라도 고용해 두었다면 어떻게든 영업 활동을 지속할 수 있을 것이다. 하지만 불도저 스타일의 저돌적인 영업 사원밖에 없다면 회사 사정은 힘들어질 것이다.

정의 중독은 인간의 숙명인가

나와 다름을 이해하지 못하고, 상대를 '용서하지 못하는' 정의 중독은 사실 인간인 이상 어쩔 수 없는 부분이다. 자세한 내용은 3장에서 설명하겠다. 설령 타인의 언행에 거부감을 느껴도, 뇌 구조를 알고 나면 무의미한 싸움에 에너지를 소모하지 않고 복수로 누군가에게 상처주지도 않으며 편한 마음으로 지켜볼 수 있게 될 것이다.

토끼를 생각해 보자. 토끼의 대뇌는 정의 중독을 일으키

기엔 너무 작아서 인간처럼 선악을 기준으로 한 행동을 하는 것이 불가능하다. 삶의 의미를 찾으며 고민할 일도 없고, 물론 죽음의 의미도 알 리가 없다. 그저 풀을 뜯어 먹고 살다 새끼를 낳고 생을 마감한다. 아무 생각 없이 그렇게 사는 것이다.

인간은 대뇌가 지나치게 발달한 나머지, 토끼와 달리 사고를 관장하는 대뇌 신피질이 크게 팽창했다.

대뇌 신피질이 인간의 번영과 생존에 지대한 영향을 미쳤음은 틀림없는 사실이다. 오래도록 살아남아 종을 번영시키는 대가로 인간은 삶의 의미를 생각해야 하는 골치 아픈 숙명까지 짊어지게 되었다. '지성이 있기 때문에 어리석음이 존재하며 어리석음이 없는 지성이란 존재할 수 없는' 표리 관계에 있다고 볼 수 있다. 인터넷과 SNS는 인간의 지성과 어리석음을 어떻게 바라보아야 할지, 그 새로운 인식법을 제시한 것이라 봐도 좋다.

정의의 기준은
집단마다 다르다

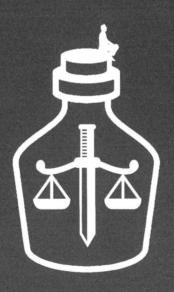

어리석음의 기준은
나라마다 다르다

정의 중독은 나라와 상관없이 누구든 빠질 수 있다. 하지만 어떤 사람을 일탈자로 볼 것인가의 기준은 나라나 지역에 따라 크게 다르다.

2장에서는 타인을 용서하지 못하는 이유를 일본 사회 혹은 일본인 중심으로 살펴보면서 그 이유와 대처법을 생각해 보고자 한다.

물론 내가 전 세계의 모든 나라를 아는 것도 아니고, 모든 문화를 경험해 본 것도 아니다. 하지만 적어도 내가 과거 연구원으로 있었던 프랑스는 일본과 어리석음의 기준이 달랐다.

일본에서는 '다른 사람들과 어우러지지 못하거나' '대다수 사람들과 다른 말이나 행동을 하면' 어리석다고 생각하는데, 프랑스에서는 '다른 사람들과 똑같거나' '자신의 의견을 말하지 않으면' 어리석다고 생각하는 경향이 있다. 한마디로 시시한 사람이라 여기는 것이다.

프랑스에는 '여럿이 의견을 합치면 좋은 꾀가 생긴다'라는 말이 있다. 한 가지 사고방식만 있는 것보다 두 가지 사고방식이 함께 있는 편이 더 가치 있다고 생각하는 것이다. 만장일치와 일치단결을 선호하는 일본과는 대조적이다.

물론 무조건 유럽의 방식이 옳다는 건 아니다. 나중에 자세히 설명하겠지만, 일본처럼 '다른 사람들과 어우러지는 것'을 바람직하게 보는 방식도 집단적인 힘을 발휘한다는 점에서는 장점이 크다.

다만 일본의 사고방식은 과거든 현재든 세계적인 기준이 아니다. 분위기를 파악해 상대에게 맞추는 일본의 상식을 그대로 좇아 산다면, 적어도 유럽에서는 '자기 생각이 없는 사람' '무슨 생각을 하는지 알 수 없는 기분 나쁜 사람'으로 보일지도 모른다.

만약 일본에 살면서 일본 특유의 분위기에 적응하지 못

해 사는 것이 너무 숨 막히고 힘들다면, 자신에게 맞는 환경을 찾아 과감히 해외로 떠나는 것도 좋다.

나라마다 기준이 다르다는 말은, 환경에 따라 내 선택의 옳고 그름이 달라질 수 있음을 의미한다. 극단적으로 말해 미래에는 일본이 '타인에게 자신을 맞추는 것은 어리석다'라고 생각하는 나라가 되고, 유럽은 '타인과 어우러지지 못하면 바보다'라고 생각하는 나라가 될 수도 있다.

최선의 방법은 유연한 사고방식을 갖고 양쪽의 장점만 취사선택하는 것인데, 그 정도의 고난이도 기술을 몸에 익히기란 쉽지 않다. 그러나 이러한 문화적 차이를 찾는 시도가 균실화된 집단에서 쉽게 나타나는 징의 중독 현상을 해결할 단서가 된다는 점은 분명하다.

'우수한 멍청이'의 나라

일본인은 마찰을 두려워한 나머지 집단의 결속을 깨트릴 수 있는 언행은 최대한 피하려는 사람들처럼 보인다. 이것이 일본인의 단점이라 생각하는 자성적인 관점에서 바라본다면, 일본은 우수한 멍청이의 나라라 할 수 있다.

일본에서는 남들 시선을 생각하지 않고 집단의 다양한 부조리와 문제점을 지적하는 사람이 눈총을 받는 경향이 있다. 그것이 불합리하다고 항의하며 목소리를 높이면 집단에게 심한 압력을 받다 결국 배제되고 만다.

조금 강하게 표현하면, 현대 일본과 같이 안정된 사회에서 우수하다고 평가받는 사람은 '생각 없이 사는 사람'일지도 모르겠다. 집단이 정한 규칙을 지키고, 전례를 답습하며, 집단 내에서 우위에 서 있는 사람들의 생각이나 명령을 충실하게 따르는 순종적인 사람이 선택되는 경향이 있음은 부정하기 어렵다. 이는 정부와 기업에 국한되지 않으며, 최고의 고등교육기관인 대학조차 예외가 아니다.

도쿄대학교는 세계에서 손꼽히는 대학이며 실제로 노벨상을 수상한 졸업생도 일본에서 가장 많다.

하지만 도쿄대학교든 교토대학교든, 아니면 기타 국립대학교든 독창적인 연구가 가능하냐고 물을 때 자신 있게 '그렇다'라고 말할 수 있는 학교가 거의 없다는 점은 참으로 걱정스러운 일이다.

또 최첨단 연구를 하고 싶다는 이유로 해외로 나가는 사람도 있지만, 일본의 숨 막히는 상황에서 벗어나고 싶어 떠나는 사람도 많다. 나는 연구자로서 이도 저도 아닌 입장이었기에 일본으로 돌아왔지만 정말로 우수한 연구자, 특히 여성 연구자는 해외에 남는 경우가 상당히 많았다. 안타깝게도, 일본에서는 규모가 크면 클수록 독창적이고 자유로운 연구를 하기 힘든 것 같다. 일본인 연구자는 이그노벨상*의 단골 수상자다. 이는 적은 비용으로 할 수 있는 소규모 연구에서 성과를 많이 낸다는 점을 단적으로 보여 준다.

팀 내에서의 마찰을 피하기 위해 좋은 아이디어가 있어도 말하지 못하고 재능을 꽃피울 수 없다면, 이는 매우 안타까운 일이다. 실로 국가적인 손실이 아닐 수 없다. 여기에는 일본의 큰 특징이 숨어 있다.

일본의 연구 기관은 업적을 이루는 것보다 연구실의 질서를 중시하는 경향이 강하다. 스탠드 플레이는 별로 환영받지 못하며, 리더의 지휘를 따르는 연구자가 대우받고 미래의 직위를 보장받는다. 뛰어난 능력을 갖춘 연구자는 좋은 성과를 내더라도 인간관계에서 문제를 겪는 경우가 많기 때문에, 결국 이른바 '우수한 멍청이' 같은 인재밖에 남

---

* 노벨상을 풍자하여 만든 상으로, 사람들에게 웃음을 주는 기발하고 이색적인 연구를 한 사람에게 주어진다.

지 않는 것이다.

실력 있는 연구자가 그 재능을 '멍청한 짓'에 쏟아 부어야 살아남을 수 있다니 안타깝기 그지없다.

다른 나라에서 일본인을 보면 '똑똑하긴 한데 왜 멍청한 짓을 계속 하는 걸까?'라고 생각할지도 모른다. 그렇다고 해서 '일본은 구제불능이다'라고 쉽게 단정 지어서는 안 된다. 그것은 정의 중독의 사고 패턴과 다를 바가 없기 때문이다. 일본에서는 이런 방식이 생존을 위한 적응 방법이었고, 이러한 방식을 따르는 편이 오래 살아남아 자손을 남기는 데에 유리했다. 다른 나라에서도 상황에 따라 일본의 방식이 유리하게 작용하는 경우가 있을 수 있다.

왜 일본이 지금처럼 사회성이 높아졌고, 조직의 유지를 위해서라면 개인의 의견을 묻어 두는 것이 바람직하다고 여기게 되었는지 살펴보자.

자연재해와
폐쇄적 환경의 결과

일본인의 사회성이 높은 이유가 일본이 섬나라이기 때문이라는 말이 있다. 그것이 정말 일리가 있는지 따져 보는 사람을 난 지금껏 거의 본 적이 없다. 대체 왜 섬나라는 사회성이 높고 개인의 의견을 무시하는 걸까? 똑같은 섬나라인데 영국은 왜 다를까?

주목할 만한 일본의 독특한 사정이 몇 가지 있다.

우선 기후적인 특징이다. 일본은 강우량이 많고 태풍이 시도 때도 없이 통과하는 지리적 특성을 지녔으며, 고온다습할 뿐 아니라 풍수해를 입을 위험이 높다. 이는 내가 굳이 설명하지 않아도, 특히 현 시대에서는 누구나 강하게 느끼고 있을 것이다.

또 하나의 특징은 플레이트 경계에 위치해 있기 때문에 화산이 많고 지진이 자주 발생한다는 점이다. 통계상으로도 지구에서 일어나는 신노 6 이상의 대형 지진의 약 20퍼센트가 일본 주변에서 일어난다고 한다. 이는 일본과 영국의 큰 차이점이다.

똑같은 섬나라여도 항시 재해에 대비해야 하는 나라와

그렇지 않은 나라는 그 속성이 다를 수밖에 없다. 일본은 수천, 수만 년 전부터 계속 자연재해가 빈발했기 때문에 그러한 환경에 적응할 수 있는, 즉 장기적인 예측을 통해 만반의 준비를 할 수 있는 사람들이 살아남았다고 보는 것이 자연스럽다. 구성원 중 대부분이 그러한 환경에 최적화되었을 가능성이 크다. 집단을 우선시하는 경향까지 포함해, 그것이 바로 일본이라는 환경에 최적화된 결과물일지도 모른다.

오랜 최적화 과정을 거친 일본인의 평균적인 응답을 보면, 가령 나 같은 사람은 정상 범주에서 크게 벗어난 이상치, 즉 '미운 오리 새끼'다. 다시 말해, 앞으로 무언가 커다란 사회적·환경적 변화가 있을 때를 대비해 다양성을 보장한 이른바 완충장치buffer일지도 모른다.

평균치에 가까운 사람들은 이상치에 있는 사람들을 이해하기가 어렵다. 그렇기에 '저 사람은 왜 저렇게 멍청한 짓을 하는 거지?' 하며 눈살을 찌푸릴 때가 많은데, 참으로 안타까운 일이다. 결국 압도적 다수파인 평범한 사람들 가운데 '우수한 엘리트(관점을 달리 하면 우수한 멍청이)'가 끊임없이 재생산되는 것이다.

불안 의식 조사를
해보니

2019년 보안 전문업체인 주식회사 세콤은 '일본인의 불안감에 관한 의식조사'라는 설문조사 결과를 발표했다. 20대이상 남녀 500명을 대상으로 실시했는데, '최근 불안을 느낀 적이 있습니까?'라는 질문에 무려 70퍼센트 이상이 '느낀 적 있다'라고 대답했다.

나이가 어릴수록 그 비율이 높았고, 20~30대 여성에서는 90퍼센트에 달했다. 보안 전문업체가 이런 조사를 실시했다는 점이 재미있었는데, 이는 일본인의 보안 의식을 보여주는 매우 흥미로운 데이터라고 할 수 있다.

이토록 불안감이 강한 이유가 무엇인지 알기 위해 신시내티대학교의 로버트 리히Robert L. Leahy 박사가 조사를 실시했다. 미국에서는 37퍼센트의 응답자가 매일 불안을 느낀다는 통계가 있는데(이것도 일본에 비하면 꽤 적다), 그 사람들에게 2주간 어떤 점이 걱정스러운지 등을 구체적으로 적어 보게 했다. 그러자 걱정했던 일의 85퍼센트는 실제로 잘 해결되었고, 나머지 15퍼센트 중에서도 약 80퍼센트는 예상보다 결과가 좋았다는 사실이 드러났다. 즉, 90퍼센트 이상이

'별로 걱정할 필요가 없는 일'이었던 것이다.

하지만 이는 미국의 데이터이며 2주라는 한정적인 기간 동안의 결과다. 만약 일본에서 수십 년(자손을 남기는 데에 영향을 미칠 만한 기간)에 걸친 장기 조사가 가능하다면 이러한 불안이 생기는 경우를 포착해 데이터에 반영할 수 있을 것이다. 그런데 현재 상황을 보면 일본에는 불안이 심한 사람이 많이 살아남았으니, 이미 실험은 끝났고 지금의 일본 사회 자체를 실험의 결과로 보아도 무방할 듯하다.

개인의 의사보다 집단의 목적이 우선한다

결국 일본에서 '개인주의적 성격이 강한 집단'보다 '집단주의적 성격이 강한 집단'이 살아남기 쉬웠던 데에는 재해가 빈발하는 지리적 요인이 크게 영향을 미치지 않았을까 한다. 동일본대지진과 구마모토 지진을 비롯해 최근 빈발하는 수해에서도 알 수 있듯이, 일본은 방재 능력이 아무리 발전한다 해도 지구상에서 현재 위치에 있는 이상 자연재해를 피할 수 없다.

방재 활동에 예산을 쏟아붓고 시민 의식을 높여도 재해를 막을 수 없으며 누군가의 탓으로 돌릴 수도 없다. 재해 복구는 서로 돕고 힘을 합쳐야 한다. 이러한 상황에서 개인의 의사보다 집단의 목적을 우선하는 인재가 중시되는 것은 지극히 자연스러운 일이다. 오히려 단체 행동을 거부하거나 규정을 어기면 비난과 공격의 대상이 된다. 설령 재해를 입어 힘든 상황에 처했다 하더라도 힘을 합쳐 극복하면 자신의 존재 가치를 강하게 실감할 수 있는데, 그렇게 스스로를 위로한 사람들도 적지 않았을 것이다. 옳고 그름의 문제를 떠나, 일본은 필연적으로 집단주의적 요소가 강해질 수밖에 없는 상황이었다.

또 하나, 생각해 볼 문제가 있다. 통계적으로 일본에서는 에도 시대 중반 이후부터 메이지 시대에 산업 구조가 바뀔 때까지 거의 인구가 늘지 않았다. 3000만 명을 넘어서면서 정점을 찍었고, 기근 발생 시 100만 명 가까이가 단기간에 목숨을 잃었다. 30명 중 1명이 죽는다는 것은 태평양 전쟁과 비슷한 수준의 인적 손해다.

당시 일본을 찾은 외국인의 견문록에 의하면, 일본은 경작할 만한 땅을 죄다 사람들이 손댄 상태였고 해외에서는 효율이 떨어져 만들지 않는 계단식 밭도 많이 보였다고 한다.

이러한 점으로 추측해 보건대, 쇄국 정책으로 교역(특히 식량 수입)을 하지 않았던 에도 시대는 (이용 가능한 토지를 모두 식량 생산에 활용해도) 유지할 수 있는 인구가 최대 3000만 명을 살짝 웃도는 수준이었으며, 한 번이라도 재해가 발생해 균형이 깨지면 순식간에 100만 명 단위로 목숨을 잃는 한계 직전의 상황이었을 것이다. 쌀 한 톨이 귀한 나라에서는 집단적으로 식량 생산을 도모할 수밖에 없는데, 이는 바꿔 말하면 혼자서는 절대 살아갈 수 없다는 의미이기도 하다.

상황이 이러하니, 옳고 그름을 떠나 다 같이 역경을 극복해야 하는 집단주의적 전략이 최선의 선택이고, 이를 거역하면 사회 전체에 심각한 위기를 초래한다는 생각을 무의식적으로 하지 않았을까 싶다.

외부인을 믿지 않는 사람들

이러한 경위를 생각하면, 일본이 사회성을 중시하고 집단주의를 우선시한 데에는 그만한 이유가 있었다고 볼 수 있다.

높은 사회성이 일본인의 미덕이라 생각할 수도 있겠지

만, 사회학에서는 이를 조금 다르게 본다. 사회학에는 '일반적 신뢰'라는 척도가 있다. 쉽게 말해, '본 적도 만난 적도 없는 사람에게 얼마나 친절할 수 있느냐'라는 것인데, 사회심리학자인 야마기시 도시오 교수의 연구에 의하면 일본의 경우 이 수치가 낮다고 한다. 즉, 외부인을 신뢰하지 않는 것이다. 그런데 북유럽에서는 이 수치가 높게 나타났다. 공공public의 개념이 북유럽에서 강하게 뿌리내릴 수 있었던 것도 이 때문일지 모른다.

동아시아에서 '일반적 신뢰'가 낮은 현상은 어떻게 설명할 수 있을까? 생리학적인 관점에서 보면 다소 복잡한데, 주변 사람늘한테 친절하긴 하지만 문제가 생기면 남 탓을 하는 경향이 강하다고 할 수 있다. 안타깝게도 한일관계에서 보이는 양국 반응은 이러한 경향이 뚜렷이 드러난 전형적인 예다.

그렇다면 이러한 특징은 부끄러운 것이니 한시라도 빨리 극복해야 할까? 이는 쉽게 단정 지을 수는 없는 문제라 생각한다. 일본은 유전적으로 '집단을 이루어 살아남는 편이 유리하다'라는 인식이 오랜 시간에 걸쳐 하나의 전략으로 뿌리내리고 있어, 집단 내의 불화를 최소화하는 것이 장기적으로 볼 때는 최선이다. 다만, 이질적인 것을 거부하고 집단에 어울리지 않으면 배제하는 현상, 혹은 다른 집단에 대한 공격성이 쉽게 분출된다는 부정적인 측면이 있다.

집단의 룰을 어기는 일의 어려움

구성원이 집단의 결정에 이의를 제기하기 어려운 전형적인 예가 있다. 바로 노동 방식이다.

동일본대지진 발생 당시 원전 사고로 인한 전력 부족으로 수도권은 대중교통 시스템이 거의 마비되었다. 그래서 어쩔 수 없이 재택근무를 하는 상황이 벌어졌다.

도시에서의 사무적인 작업은 컴퓨터나 스마트폰으로 언제 어디서든 할 수 있다. 만약 출근이 그저 일하는 모습을 타인에게 보여 주기 위한 행동이라면, 굳이 매일 사무실에 나갈 이유가 없다. 대지진 발생 전부터 이런 움직임이 나타났지만, 다들 공감하면서도 습관적으로 출근을 했다. '지각하지 않고 회사에 꼬박꼬박 출근해야 모범적인 회사원이다'라는 사고방식이 집단 혹은 사회에서 당연시되는 이상, 일개 사원이 먼저 이야기를 꺼내기란 쉽지 않기 때문이다.

일주일에 이틀 출근하고 사흘 재택근무를 할 수 있다면, 왕복 두 시간의 출퇴근을 하지 않는다면, 그만큼 아이와 보내는 시간이 많아진다. 모두가 알고 있고 또 바라는 사실이지만 입 밖으로 꺼내기가 힘든 것이다.

심지어 동일본대지진과 후쿠시마 원전 사고라는 엄청난 사건이 터지면서 합리적인 선택을 하기가 어려워졌다. 무엇보다도 일본인은 집단의 룰을 중시하기에, 구성원 모두가 납득할 만한 피치 못한 사정이 없다면 홀로 단독 행동을 할 엄두를 내지 못한다. 출퇴근 시간에 에스컬레이터를 걸어 다니는 사람들 사이에서 혼자 가만히 서 있기 어려운 이유와 비슷하다.

프리미엄 프라이데이Premium Friday*도 이와 비슷하다. 정부가 "매월 마지막 주 금요일은 오후 3시에 퇴근하라"고 권장해도 "그때 만약 거래처에서 전화가 왔는데 못 받으면 어떡하느냐" 등과 같은 이유로 점점 흐지부지된 것이다. 아마 거래처에서도 이 부분에 격하게 고개를 끄덕였을 것이다.

---

* 초과 근무와 과로사를 막기 위해 일본 정부가 제안한 것으로, 매월 마지막 주 금요일은 평소보다 3시간 일찍 퇴근하는 제도다. 강제성은 없으며 자율에 맡겼는데, 마지막 주 금요일은 기업과 은행의 월말 결산이 있는 날이라 사실 정시 퇴근조차 어려운 상황이기 때문에 결국 제대로 정착하지 못하고 흐지부지되고 말았다.

프리미엄 프라이데이를 엄격히 실시하려면 '매월 마지막 주 금요일 오후 3시 이후에 일하면(일하게 하면) 벌금을 내야 한다'라는 규칙이라도 내걸어야 한다. 그러지 않는 한 바꾸기 힘들 것이다.

파괴적인 천재보다 순종적인 모범생을 원하는 학교

이처럼 일본에서 사회성이 중시된 데에는 나름의 이유가 있는데, 여기서 한 가지 짚고 넘어갈 문제가 있다. 바로 아이들 교육 환경에서 자주 보이는 배제 행위다.

집단을 유지하고 사회가 붕괴하지 않는 것이 얼마나 중요한지 가르치는 건 일본 공교육에서도 매우 중요한 원칙 중 하나다. '집단을 유지하고 사회 규범을 깨뜨리지 않는다'라는 암묵적인 과제를 잘 수행하는 아이가 교사에게 좋은 평가를 받는 구조가 된 것이다.

얌전하고 선생님 말도 잘 들으며 공부까지 잘하는 모범생과 비상한 두뇌와 특별한 재능을 가졌지만 학급의 질서를 무너뜨리는 천재가 있다고 하자. 그렇다면 거의 100퍼센트 전자를 좋게 본다. 후자가 전자보다 성적이 좋아도 더 대우받는 일은 거의 없다.

학급 질서를 유지하는 것은 중요하다. 하지만 그것만 중시한 나머지 천재적인 아이를 배제한다면 결과적으로 손실이 더 크지 않을까? 튄다는 이유만으로 배제하면 아이의 천재성이 그대로 묻힐 수 있다. 백 번 양보해서 그것이 학급 붕괴를 막기 위함이라 할지라도, 그 이유만으로 무한한 가능성을 가진 존재를 방치하고 버려둔다는 건 슬픈 일이다. 어른들이 잘만 지도하면 어떤 분야에 혁신을 가져올지도 모르는데 사회성에 부합하지 않는다는 이유로 배제시킨다면 이는 사회 전체의 손실이다. 교육적인 단계에서 어떻게든 안전망을 마련해야 한다.

어쩌면 미국 사회가 더 관용적일지도 모른다. 종교인이나 독지가 같은 사람들이 '천재성 있는 아이'를 발견해 키워내는 모습을 흔히 볼 수 있기 때문이다. 일본의 경우 그런 아이들은 웬만해선 배제되는 상황을 벗어나기가 어렵다. 외롭고 혹독한 인생을 10년 이상 살다가 운 좋게 그것을 이해해 주는 사람을 만나든가, 아니면 해외로 가는 방법밖에 없다. 이는 사회성을 지나치게 중시한 나머지 생겨난 폐해와 손실이다.

여성들이 눈치가
빠른 이유

나는 과거의 일본보다 지금의 일본이 훨씬 더 개인주의적이며, 집단에서 고립되어도 괜찮은 사회라 생각한다.

그 배경으로는 일본이 선진국이 되면서 인프라를 갖추고 의식주 문제를 해결했다는 사실을 들 수 있다. 적어도 도시 지역은 이제 누군가를 의식하고 행동해야만 사회 혜택을 누릴 수 있는 그런 시대에서 벗어났다.

젊은 세대가 기성세대에게 "요즘 젊은 놈들은 못쓴다" 등의 소리를 듣는 모습을 보면 안됐다는 생각도 든다. 젊은 세대야말로 일본 사회의 꽉 막힌 분위기를 해소하고 앞으로 일본이 맞이할 변화에 대비해 줄 존재일지도 모르기 때문이다.

사람들과 어우러지기 위한 중요한 기능, 그중에서도 특히 비언어 커뮤니케이션이나 상황을 파악할 때는 좌측 측두엽 일부인 상측두구Superior temporal sulcus가 사용된다. 이곳은 언어를 관장하는 좌측 상측두회Superior temporal gyrus 바로 아래에 위치한다.

언어령과 근접하게 위치한 점이 매우 흥미로운데, 성별

에 따라 차이가 있으며 통계적으로 여성이 더 유의미한 차이의 발달을 보였다. 즉, 여성은 눈치가 너무 빨라서 남성보다 더 조심스레 행동하는 경향이 있는 것이다.

집단의 분위기를 금세 파악하고, 이를 위해 거짓말도 불사하는 영리함은 여성이 더 발달되었다고 볼 수 있다. 육아를 하며 친해진 아기 엄마들 사이에서는 솔직한 의견을 말하기 어렵다든가, 젊은 여성들이 자신이 속한 집단 속에서는 무조건 "귀여워!" "재밌어!" 같은 긍정적인 반응을 하는 것 등이 그 증거다.

반대로 젊은 세대의 남성은 집단의 동조압력에서 더 자유롭다.

이처럼 상측두구가 발달하면 숨이 막힐 수도 있는데, 수많은 연구자의 분석에 따르면 여성들이 눈치가 빠른 이유는 육아 때문일지도 모른다고 한다. 아이를 키우면서 갓난아기의 비언어 메시지를 이해하려면 이러한 능력이 필요하기 때문이다. 아기는 안색이나 울음소리 등으로 의사를 전달하므로 그것을 잘 포착하고 이해해야 한다. 다만 그 능력이 너무 뛰어나면 동성끼리 대화할 때나 스스로를 바라볼 때 부정적인 메시지를 금세 캐치하기 때문에 사는 게 피곤할지도 모른다. 이는 여성들이 흔히 겪는 일이다.

아이히만 실험이
밝힌 복종 심리

집단을 구성하는 것은 확실한 장점이 있으며, 사회의 성립도 집단생활과 분리해서 생각할 수 없다. 집단은 대부분 중심 인물과 촉매가 되는 인물이 존재하며, 집단 형성은 리더가 구성원을 제어하는 방식으로 이루어져 왔다.

또 일본 같은 사회에서는 중심인물의 의사보다는 다수의 의사, 이른바 '사회적 분위기'가 구성원의 행동을 제어한다. 그런 구조를 경제 활동에 활용한 것이 바로 회사와 조합이며, 군사적으로 활용한 것이 군대다.

문제는 집단의 의사 결정이 개인의 의사와 크게 엇갈리는 경우다. 개인의 문제라면 자신이 옳다고 생각하는 것을 하면 된다. 하지만 집단의 문제가 되면, 동조압력 때문에 원치 않는 의사 결정을 내리는 경우가 생긴다. 개인적으로는 어리석다고 생각하더라도 구성원으로서는 그런 선택을 할 가능성이 있다.

이와 관련된 유명한 실험이 바로 미국 예일대학교의 심리학자 스탠리 밀그램Stanley Milgram이 1963년에 발표한 '아이히만 실험(밀그램 실험)'이다.

아이히만은 나치 독일의 유대인 대학살(홀로코스트) 때 유대인 강제수용소 이송을 지휘했던 장교로, 재판에서는 "그냥 명령을 따랐을 뿐이다"라고 항변했지만 결국 교수형에 처해졌다. 정말 명령을 받았다는 이유만으로 그런 잔인한 행동을 할 수 있는 것인지, 밀그램의 실험은 그 의문을 풀기 위해 시작되었다.

실험 내용을 간단히 설명하면 다음과 같다. 흰 가운을 입은 권위자 역할의 실험자, 전기 충격 장치(물론 가짜다)에 연결된 학생 역할의 바람잡이 피험자, 그리고 진짜 피험자, 이렇게 세 명이 있다. 실험자는 체벌이 학습에 어떤 영향을 주는지 측정한다는 명목으로 진짜 피험자에게 교사 역할을 시킨다. 당연히 진짜 피험자는 전기 충격 장치가 가짜라는 것과 장치에 연결된 학생 역할의 피험자가 바람잡이라는 사실을 모른다.

교사(진짜 피험자)는 학생(바람잡이 피험자)에게 문제를 내고 학생이 틀린 답을 말할 때마다 버튼을 눌러 전기 충격을 가하도록 명령을 받는다. 각 버튼에는 전압이 표기되어 있으며 일정 전압 이상이 되면 생명이 위험하다는 마크가 찍혀 있는데, 고통스러운 연기를 하는 바람잡이가 '이 정도로는 끄떡없다'는 듯 행동하면 실험자가 고압적인 태도로 "전압을 높여!"라고 압박한다.

그랬더니 생명이 위험할지도 모른다는 사실을 알면서도 실제 피험자 중 약 3분의 2가 최대 전압까지 버튼을 눌렀다고 한다. 바람잡이가 비명을 지르며 몸부림치는데도 자신의 의사가 아닌 실험자의 의사를 따른 것이다(Milgram, S.(1963). Behavioral Study of Obedience. Journal of Abnormal and Social Psychology, 67, 371-378).

이 실험을 일본에서 실시했다면 버튼을 누른 사람의 비율이 더 높았을지도 모른다. 일본의 직장인이라면 개인의 의견이 집단의 결정에 묵살되는 경험을 날마다 겪고 있을 것이기 때문이다.

당사자가 아니면 '너무 심하다'라든가 '의사표시 하나 못하는 겁쟁이들'이라고 생각할 수도 있다. 그러나 아이히만 실험의 결과는 특정 상황에 놓이면 대부분 집단의 의사를 따르며 집단 내에서는 그것을 '현명하다'고 여긴다는 점을 보여 준다.

일본이 전쟁하는 동안 '사치는 적이다!'라는 슬로건에 저항하며 마음껏 사치를 부리고 자랑한 사람이 있었을까? 전쟁터에 나가는 것이 당연하고 명예로운 일이었던 시대에 "난 전쟁터에 안 가!"라고 외친 사람이 과연 얼마나 될까?

정의 중독

옳고 그름을 따지기 전에 대부분은 집단에 동조했다.

어느 쪽이 더 어리석은지는 관점에 따라 달라진다. 전쟁이 한창이던 시대에 집단의 입장에서는 일탈한 자가 어리석어 보였을 것이다. 하지만 지금 같은 시대에 '전쟁은 나쁜 것이며 제2차 세계대전 때는 일본이 잘못했다'라고 생각하는 사람에게는 일탈하지 않은 자가 어리석어 보일 것이다. 시대와 상황에 따라 어느 쪽이든 어리석을 수 있으며, 집단의 의사는 개인이 어찌할 수 있는 것이 아니다.

'고정 관념 위협'이라는 저주

사회심리학에는 '고정 관념 위협Stereotype threat'이라는 현상이 있다. 자신이 속한 집단이 가진 사회적 이미지(고정 관념)가 어떤지 알고 나면, 구성원 자신도 그렇다고 생각하여 그 이미지로 변화한다는 것이다. 예를 들어, '흑인은 백인보다 공격적이다'라는 고정 관념이 있는 상황에서 어떤 흑인이 자신을 공격적인 사람이라고 인식하거나 죄를 짓는 게 이상하지 않다고 여기는 것과 같다(Stereotype threat and the intellectual test performance of African Americans.Steele CM, Aronson J.(1995)).

이런 연구 사례도 있다. 일반적으로 중학교 때까지는 여학생의 성적이 좋은데 고등학교에 들어가면 여학생의 성적이 떨어진다. 이는 성장 과정에서 '여자는 그렇게 공부를 잘할 필요가 없다'라는 고정 관념을 그대로 수용하고 학습한 결과일지도 모른다.

여성의 경우 "여자애가 대단하네" "도쿄대에 가려고? 남자였으면 좋았을 텐데" "여자가 공부를 너무 많이 하면 결혼하기 힘들어"처럼 알게 모르게 남성보다 부정적인 말(물론 그중에는 칭찬의 의미로 한 말도 있겠지만)을 많이 듣는데, 이런 말들 때문에 실제로도 그렇게 되어 버리는 것이다.

물론 이 또한 사회 적응의 한 형태에 불과하다고 말하면 그만이다. 하지만 앞서 말했듯이 뇌과학적으로 여성이 남성보다 '집단 분위기를 따르는 것이 훨씬 합리적이다'라고 생각하는 편이므로, 안타깝게도 '성적이 좋으면 나한테 불리할지도 몰라, 손해 볼 수도 있어'라는 생각 때문에 스스로 제동을 거는 것이다. 반대로 "여자답게 센스가 있네" "귀엽다" 등의 칭찬을 받으면 그 말에 부응이라도 하듯 행동하기 시작한다.

정의 중독

이런 실험도 있다. 수학적 능력을 측정하는 문제를 풀 때 성별을 쓰게 하자 여성이 남성보다 성적이 안 좋았지만, 대학 이름을 쓰게 하자 더 높았던 것이다. 여성의 구성원으로 문제를 푸는지, 대학의 구성원으로 문제를 푸는지(이런 실험에서는 명문대 학생이 피험자가 되는 경우가 많다)가 점수에도 영향을 미친다는 의미다(Journal of Personality and Social Psychology 69(5):797-811).

생각이 너무 많은 사람은 쓸모가 없다?

과거 일본 기업들 사이에서는 대학에서 체육동아리 활동을 한 사람을 골라 채용하는 풍조가 있었다. 어쩌면 지금도 그럴지 모른다.

이는 '집단의 결정에 대한 충성도가 높음'을 중요한 자질이자 필요한 능력으로 보고, 그런 사람이 일을 잘한다고 판단했기 때문이다. 일본의 조직은 조직의 의견과 달라도 자신의 의견을 피력하는 사람보다, 조직의 결정에 순순히 따르는 사람을 높이 평가해 왔다.

장기적인 전망을 예측하고 사고하는 기능은 전두전야(전두엽 앞쪽에 위치하며 고차기능의 중추를 담당함)의 배외측부가 담당하며, 상대의 반응을 상상하는 기능은 안와와 접한 전두전야 부분이, 그리고 자신의 행동의 선악을 판단하는 기능은 전두전야의 내측부가 담당한다. 즉, 일단 멈춰 서서 자신의 행동을 점검하고 스스로를 제어하는 일련의 과정을 모두 전두전야가 담당하는 것이다.

이를 바탕으로 조직 내 인간관계를 살펴보면, 전두전야가 발달된(뇌과학적으로 지능이 높은) 사람은 '지시나 명령을 내려도 즉시 착수하지 않는다' '학력에 비해 행동이 굼뜬다' '이론만 내세운다' 등의 평가를 받는 경우가 있다. 다시 말해, '머리만 좋고 쓸모가 없는 사람' '골치 아픈 사람'이라 생각하는 것이다. 현장에서는 지시와 명령을 즉각 실행하는 사람이 부리기 쉽기 때문이다. 두 가지 유형의 대립은 일본 사회에서 흔히 볼 수 있다.

토론이 불가능한
사람들

일본에서는 기본적으로 토론이 이루어지는 경우가 거의 없다. 대부분 토론이 서툴거나 토론을 피하기 때문이다.

난 프랑스에서 잠시 산 적이 있는데, 그 나라는 일본과 정반대였다. 대화할 때면 토론이 빠지는 법이 없었다. 일본인의 눈에는 얼굴만 마주치면 매일 토론을 벌이는 나라처럼 보일지도 모르겠다. 나도 그중 한 명이었는데, 일본에 돌아와 보니 일본의 토론은 내가 프랑스에서 봐 온 토론과 달랐다.

A라는 주제에 대해 X라 주장하는 사람과 Y라 주장하는 사람이 있다고 하자.

프랑스에서는 한쪽이 "A에 대해 얘기해 보죠. 난 X라고 생각합니다. 그 이유는 이러이러하며 저러저러한데, 당신은 어떻게 생각합니까?"라고 이야기를 시작하면, 다른 한쪽이 "난 당신과 생각이 다릅니다. 난 Y라고 생각합니다. 그건 이러저러해서……"라고 응수한다. 그 후 서로 좀 더 논의를 심화시키면서, "이 부분은 어떻게 생각합니까?"라든가 "이 부분은 찬성하지만 이 부분은 근거가 부족하지 않습니까?" 혹은 "이 부분까지는 서로 공유할 수 있겠네요" 등 논의를 발전시켜 나간다. 둘 이상 모이면 세간에 화제가 되는 주제로 매일 대화하는데, 옆에서 볼 때 의견을 주고받는 모습이 정말 즐거워 보였다.

난 일본인이라서 그런지 솔직히 '또 토론이야? 이미 충분히 했잖아'라는 생각이 들 때도 많았다. 그래도 일단 누군가가 "당신은 어떻게 생각합니까?"라고 물어 오면 이에 대답해야만 했다. 그 이유는 나중에 설명하겠다.

그 후 일본에 돌아와 드디어 '당신은 어떻게 생각합니까?'라는 질문에서 해방되었는데, 일본인의 토론을 보다가 프랑스와 결정적으로 다른 점을 발견했다.

A라는 같은 주제에 대해 X라 주장하는 사람과 Y라 주장하는 사람이 있다고 하면, 대개 이런 식으로 전개가 되는 것이다.

"A에 대해 지금 Y라고 주장하는 것 같은데, 대체 뭘 근거로 그렇게 생각하시나요?" "아니, X라고 주장하는 당신이야말로 무례하기 짝이 없군요!" "태도가 왜 그 모양이야? 건방지긴. 나를 뭘로 보고!" "누가 보면 대단한 공부라도 한 줄 알겠네, 뭘 그렇게 열을 올려? 둘 다 꼴사나우니 그만해."

이것도 옆에서 보면 재미는 있는데, 일본의 토론은 뭔가 형식적이고 수박 겉핥기식의 의견을 내다 결국 본질에서 벗어나 콩트처럼 싸우기 시작한다. 프로레슬링 놀이처럼 생각한다면 하나의 여흥으로 볼 수도 있겠지만, 솔직히 이걸 토론이라 부를 수 있을지는 의문이다.

그런 생각을 하고 있는데 한 프랑스인이 말하길, 프랑스어의 '토론하다discuter'라는 동사는 '사람'을 목적어로 취하는데 '반박하다réfuter'라는 동사는 사람을 목적어로 취하지 않는다고 했다. 즉, 토론은 사람과 하는 것이지만 반박은 어디까지나 말하는 내용, 즉 논지에 대한 것이므로, '상사를 반박하다' '남편을 반박하다' '상대를 반박하다' 등으로는 쓰지 않는다는 말이다. 하지만 또 다른 프랑스인은 "아니다. 그렇게 쓸 때도 있지만, 때로는 토론이 격해져 사이가 멀어지는 경우도 있다"라고 하는 것을 보면, 아무래도 다양성이 있다는 의미로 받아들여야 할 것 같다.

반면 일본에서는 주장과 인격을 분리해서 생각하지 않기 때문에 토론이 툭하면 인신공격으로 이어진다. 이는 어떻게 보면 일본을 상징하는 특징일지도 모르겠다.

토론을 못하면
바보 취급 받는 사회

토론의 차이에 대해서도 좀 더 깊이 살펴보자. 프랑스에서는 토론할 줄 아는 사람은 성숙하다고 인정하지만 토론을 못하는 사람은 미성숙하다고 바보 취급한다. 그래서 나도 "당신은 어떻게 생각하나요?"라는 질문을 받았을 때 어떻게든 대답을 할 수밖에 없었다.

영어의 'interesting'이라는 단어를 일본에서는 '재미있다, 흥미롭다'라는 의미로 배운다. 프랑스어에서는 'intéressant'이다. 프랑스인이 'C'est intéressant'라고 할 때는 문자 그대로 '그거 재미있네'라고 번역할 수도 있겠지만, '흔하고 당연하다' 혹은 '흠, 시시해'라는 뉘앙스로 쓰이는 경우가 있다. 다시 말해, '당신의 주장은 별 볼일 없다' '어디선가 들어 본 얘기다' 등의 의미로 사용된다는 말이다. 토론 상대로서는 재미가 없으니 이 시점에서 대화를 끝내고 싶다는 의사를 에둘러 표현했다고도 할 수 있다. 단순히 '재미있다'는 의미로 썼을 수도 있지만, 상대가 파리지앵이라면 그 말에 반어법이 숨어 있다고 생각하는 편이 좋다.

반대로 토론이 되는 사람이라 생각하면, 프랑스인은 "맞아요!"라고 하지 않고 "아니요, 난 그렇게 생각하지 않는데요?"라고 강하게 반박하며 일부러 토론을 유도하기도 한다.

나도 처음에는 일본의 토론 방식밖에 몰랐기 때문에, '지금 나하고 싸우자는 건가?'라는 생각에 경계부터 했다. 하지만 이는 앞에서 말한 '당신 얘기엔 관심 없어'라는 식의 반응과는 정반대의 것이었다. '당신 꽤 흥미로운 얘길 하는군' 하고 상대에게 일종의 경의를 표하며, 귀 기울여 상대의 생각에 관심을 갖는 긍정적인 사인이었다.

만약 상대가 일본인이라면 살짝 미소 지으며 "재미있네요"라고 반응해야 할 것이다. 그래야 상대는 자신의 말을 받아들였다고 생각해 안심할 것이다. '그렇지 않다'는 말을 직접적으로 하면 꽤 위협적으로 느낄 테고, '내가 뭘 잘못했나?'라는 생각에 불안을 느낄지도 모른다.

이 역시 외부와 단절된 채 빈발하는 자연재해를 겪어야 하는 섬나라 일본과, 다양한 인종과 문명의 교차점으로 다채로운 토론이 자연스러운 유럽 대륙의 차이일 것이다. 유럽인들은 의견 대립을 '다른 의견을 가진 사람들이 대등한 위치에 있기 때문에 생기는 현상'으로 인식하는 것이다.

서로 다름이 당연하며 어떻게 다르고 왜 다른지 토론을

통해 이해시켜 나가는 사회와, 서로 같음이 당연하며 다른 것이 있다면 배제시키려는 힘이 작용하는 사회. 둘 중 무엇이 옳은지는 환경적·지리적·사회적 조건에 따라 달라진다. 개인적으로는 프랑스에 있었을 때가 피곤하긴 해도 내 의견을 참지 않고 말할 수 있어 편했다. 어떤 생각을 하든, 외모가 어떻든 상관없이 '이게 나야'라고 설명할 수만 있다면 아무도 손가락질하지 않는 사회는 그리 많지 않다.

그런 환경에 익숙해지니 오히려 일본에 들어온 이후로 놀랄 일이 많았다. 전철 안의 여자들이 다들 똑같은 화장, 똑같은 헤어스타일, 똑같은 패션을 하고 있어 복제인간처럼 보였기 때문이다. 다른 사람과 비슷하게 꾸미는 건 프랑스에서는 생각해 본 적 없는 일인데, 일본에서는 너무도 중요하고 당연한 것 같아 두렵기도 하고 이런 환경에서 살면 나도 똑같아지지 않을까 하는 불안감이 엄습했던 기억이 난다. 그 후 얼마 지나지 않아 획일화를 거부하려는 듯 까만 머리를 노랗게 염색했던 일화도 지금 생각해 보면 재미있는 추억이다.

대중에게 알려진 나의 이미지는 아마 '일본인 여성치고는 할 말을 확실히 하는 사람'일지 모르겠다. 하지만 프랑스어로 "아니에요"라고 자신 있게 말할 수 있어도 일본어로

"아니에요"라고 말하기는 쉽지 않은 것이 사실이다. 프랑스인 중에도 '일본인 여성은 당돌한 말을 하지 않는다'는 이미지 때문인지 내가 무슨 말을 했을 때 필요 이상으로 깜짝 놀라는 사람이 있었다.

인신공격과 토론의 결정적 차이

이 책에서는 타인을 용서하지 못하는 사람, 이른바 정의 중독자들이 가진 공격성에 대해 살펴보고 있는데, 정의 중독에 빠진 사람들이야말로 하고 싶은 말을 가감 없이 하는 사람들이니 어떻게 보면 일본 스타일과는 정반대 아니냐고 할 수도 있겠다. 또 자신의 생각이나 속내를 숨기는 게 일본인의 단점임을 생각하면, 정의 중독자들은 자신의 생각을 마음껏 드러내고 있으니 오히려 일본인의 단점을 극복한 것 아니냐고 말하는 사람도 있을지 모른다.

이는 다음과 같이 설명할 수 있다.

이유는 알 수 없지만, 일본인의 토론은 대립하는 두 의견을 음미하고 검토하여 보다 좋은 결론을 이끌어 내기보다는 대부분 인신공격으로 흘러간다. 헐뜯는 것과 토론은 완전 별개인데, 정의 중독자들은 상대 주장의 좋은 점을 받아들이는 것이 그렇게 힘든 모양이다. 그래서 '중독'이라 부르는 것이겠지만, 토론이 아닌 설전은 마치 '네가 틀렸어' '너보다 내가 더 잘났다'는 것을 증명하기 위한 언어폭력이자 말로 하는 살인과 다를 바가 없다.

결국, 정의는 하나뿐이라는 전제 때문에 토론으로 승화될 수가 없는 것이다. 때로는 권위자들이 내린 방침에 따르는 우수한 장기말이 되는 것이 정의이며, 정의의 대립을 권력 투쟁이나 주도권 싸움에 이용해 왔기 때문에 상대를 받아들이는 것은 곧 동료에 대한 배신이라 여겼다.

게다가 토론보다 사전 협의를 더 중요하게 여기므로 본질적인 토론이 힘들었을지도 모른다. 그렇기 때문에 옳고 그름과는 별개로, 다른 나라에서 봤을 때 일본 사회는 사고방식이 특이한 나라에 속한다.

일본은 지금도 대표적인 저출산·고령화 국가이다. 만약 일본이 이러한 문제들을 향후 다른 나라들보다 먼저 직면하게 된다면, 과연 토론 능력을 갖추지 않고도 잘 대응할 수 있을지 걱정이다. 지금까지처럼 '해외의 것을 가지고 와서 일본에 맞춰 적응시키는' 방법은 더 이상 불가능하기 때문이다. 아직 아무도 답을 찾지 못한 문제이기에 당사자가 머리를 짜내 해결할 수밖에 없다.

이제 일본에도 무작정 남을 따라하지 않고 진정한 의미의 토론을 해야 하는 시대가 도래했다는 생각이 드는데, 일본이 역사의 시험대에 오를 때 과연 어떤 힘을 발휘할 수 있을지 전 세계가 주목할 것이다.

자기주장이 서툰 사람이 늘어나는 환경

가능한 한 토론을 피하는 것은 일본인의 특징이다. 그렇다면 다른 아시아 국가들은 어떨까? 기본적으로 중국인, 한국인, 인도인 모두 일본인보다 발언하기를 좋아하며 일본인의 기준에서 보면 자기주장이 강하다고 느껴지는 경우가 많다. 대체 그 이유는 무엇일까?

우선 지정학적인 영향이 크다. 수많은 나라가 타국과 국경을 접하고 있어 항상 외적과의 싸움과 이민족의 침입 등을 위험 요소로 안고 있는 데 반해, 일본은 국내에서의 지배권 다툼이 대인관계의 주된 관심사였다. 갑자기 이민족이

쳐들어와 지배당해야 하는 상황이나 그들에게 재산을 몽땅 빼앗기거나 살해되는 상황은 거의 없었다.

일본인들은 사회의 유동성이 낮고 외부와의 교류가 적은 상태에서 집단생활을 이어 왔다. 리스크를 줄이기 위한 방법으로 널리 알려진 예가 바로 '쇄국鎖國'이다. 지역과 혈연 등의 신뢰 관계는 한층 두터워지고 모든 사람이 하나 이상의 집단에 속하는 것이 당연하며, 그것이 신변 안전을 도모하기 위한 중요한 보증이 된다. 그렇지 않아도 자원에 한계가 있는 국가인데 재해까지 빈발하고 있으니, 그러한 환경에서 살아남기 위해서는 집단을 이루어 효율적으로 서로 도우며 사는 것이 무엇보다 중요했던 것이다.

만약 그런 상황에서 집단에 손해를 입히거나 룰을 어기는 사람이 나타난다면, 그 사람을 집단에 두는 것은 구성원들의 불이익과 직결되는 문제라고 보았다. 요즘 도심에서는 이러한 사고방식이 거의 사라졌는데, 지역에 따라서는 마을의 공지사항을 특정 가정만 빼고 돌린다든가, 조합 가입을 거절한다든가, 쓰레기를 버리지 못하게 하는 등 공동체 내의 따돌림이 여전히 존재한다는 뉴스가 가끔 들려온다.

상호 신뢰가 두터운 사회는 높은 사회성의 산물이며, 치안이 좋고 깨끗하다. 하지만 친밀한 사이의 함정도 엄연히 존재한다. 집단적 배제 등과 같은 부정적인 측면과 트레이드오프trade-off 관계*에 있을 가능성이 있다는 것이다.

기질이 변하려면
1000년은 걸린다?

지금까지 일본인 특유의 사회성에 대해 살펴보았다. 그러나 이젠 글로벌 시대고 인터넷을 통해 순식간에 정보와 돈이 움직이는 상황이다. 독자적인 문화와 국민성을 유지해온 일본도 머지않아 국민들의 기질이 외국인처럼 바뀌거나 사회성이 낮아지는 방향, 즉 정의 중독자가 감소하거나 사회적 배제가 일어나기 힘든 방향으로 변화하게 될지 궁금하다.

　일본이 현재와 같은 속도로 변화한다면 국민들의 기질이 바뀌기까지 과연 어느 정도의 시간이 필요할까? 이는 일본인이 얼마의 시간을 거쳐 지금의 모습까지 오게 되었는지

---

* 하나를 얻으면 다른 하나를 희생해야 하는 관계. 예를 들어, 실업률을 해결하면 물가가 오르고, 물가를 잡으면 실업률이 오르는 것과 같다.

를 생각해 보면 추산이 가능하다.

다소 복잡하긴 하지만, 현재의 유전자 다형의 비율을 가지고 수리사회학적으로 다음과 같이 계산해 볼 수 있다.

동일 유전자 자리(염색체와 게놈에서의 유전자 위치를 말함)에 속하면서 변이 등으로 인해 갑자기 DNA의 염기 배열이 바뀌어 버린 유전자를 대립유전자라 부른다. 이 대립유전자의 종류가 하나였고 둘 다 처음에는 균등하게 존재했다고 가정했을 때, 한쪽(50퍼센트)이 완전히 소실되려면 1000년이 걸린다고 한다. 예를 들어, 서로 다른 성질을 가진 A와 B 두 개의 그룹이 있다고 가정했을 때, A가 환경에 적응한 경우 B가 사라지기까지 1000년이 걸린다는 말이다.

1000년이라는 기간이 인류의 역사 속에서 긴지 짧은지는 관점에 따라 다르다. 하지만 1000년 전의 헤이안 시대, 800년 전의 가마쿠라 시대, 300년 전의 에도 시대와 지금의 현 시대는 산업 구조, 이동 방법, 커뮤니케이션 수단에 이르기까지 살아가는 데에 필요한 사회성과 최적의 방법이 크게 다르다. 재해 탄력성(역경에서 회복하는 힘)이 기술의 발전으로 인해 향상되었다고는 하나, 빈발하는 자연재해와 그 심각성은 예나 지금이나 변한 것이 없다.

즉, 우리가 사는 세계는 상당히 극적으로 변화했지만 우리 몸속 유전자는 꽤 오래전의 환경에 적응한 상태에 머물러 있다는 것이다. 1000년 전에는 현명했지만 지금은 어리석은 일이 되는 것도 유전자적으로 봤을 때는 전혀 이상하지 않다.

환경적 요인을
무시할 수 없다

조금 더 상상의 범위를 넓혀 보자. 일본인의 유전자를 가지지 않은 외국인이 일본에 들어와 살면 과연 어떻게 될까?

한 세대 만에 바뀌는 일은 거의 없겠지만, 그 사람이 가진 유전자와 인종적인 측면보다 환경적 요인이 더 크게 작용하기 때문에 몇 세대를 지나면 결국 일본인처럼 바뀔 것이라 생각한다.

그들 역시 일본의 높은 사회성이 주는 장단점을 경험하면서 자연재해의 공포와 그것을 이겨내는 방법을 배우세된다. 그리고 일본에 자신을 최적화하려면 본인의 의견을 소리 높여 주장하기보다, 가능한 한 속내를 숨기고 미소를 보이며 윗사람의 의견이나 전체적인 분위기에 어긋나지 않게 살아가는 편이 유리하다는 사실을 깨닫게 될 것이다. 그게 어렵다면 일본을 떠나는 것도 좋은 생각이다. 환경적 요인은 결코 무시할 수 없기 때문이다.

지금까지 일본인들의 어떤 점을 어리석다고 생각하는지, 그리고 왜 같은 일본인끼리 멍청하다며 헐뜯고 싸우는지에 대해 알아보았다. 또 일본이라는 나라의 특수성과 깊은 관련이 있는지도 살펴보았다. 환경적 요인을 바꾸기 쉽지 않기에 일본인의 근본적인 사고방식과 높은 사회성이 크게 바뀔 일은 없다는 점에 대해서도 다루었다.

다음 장에서는 인간이 타인을 용서하지 못하는 이유에 대해 살펴보려 한다.

정의 중독

인간은 왜
타인을 용서하지 못할까?

인간의 뇌는 대립하도록
만들어졌다

3장에서는 인간이 왜 타인을 용서하지 못하는지를 뇌과학의 관점에서 살펴보고자 한다. 동시에 그 결과를 보여 주는 알기 쉬운 예로, 현재 전 세계에서 일어나는 좌우(이른바 진보와 보수)의 대립에 대해서도 다루어 볼까 한다.

결론부터 말하자면, 인간의 뇌는 대립이 자연스러우며 치음부터 대립하도록 만들어졌다.

'나 말고는 다 바보다' '나 빼고는 다 적이다'라고 생각하는 것, 혹은 '나 말고는 다 뛰어나다' '나 빼고는 다 친구다'라고 생각하는 것도 논리적으로는 매한가지라고 볼 수 있다. 단순히 기준을 어디에 두느냐의 문제이므로, 누가 더 잘나고 못났는지 따져서 일희일비하는 것은 어리석은 짓이다. 다만, 그런 생각 자체는 자연스러운 것이므로 어느 정도는 어쩔 수 없다고 생각하며 깔끔하게 포기할 줄도 알아야 한다. 거듭 말하지만, 나와 타인을 비교해서 누가 더 우월하고 누가 더 열등한지를 따지는 것은 본질적으로 별로 의미가 없다는 뜻이다.

당연한 말이지만, 인간은 저마다 다르기 마련이다. 타인을 '무식하다' 혹은 '똑똑하다'고 판단하는 것은 타인에게 자신의 기준을 억지로 끼워 맞추는 것에 지나지 않는다. 아무리 상대를 자신의 틀에 집어넣어 봤자 상대는 바뀌지 않는다. 따라서 누군가를 '멍청하다'든가 '머리가 좋다' 등과 같이 정의하는 것 자체가 무의미하다.

그러나 사소한 일로 누군가를 멍청하다고 단정 짓는 것이 인간의 특징인데, 간혹 그런 스스로를 견디지 못하는 사람도 있는 듯하다. 만약 당신이 타인을 용서하지 못하는 자신을 보며 답답함을 느낀다면 3장에서 살펴볼 과학적 지식을 통해 조금이라도 어깨의 짐을 내려놓게 되길 바란다.

인간은 왜 그렇게 쉽게
타인을 미워할까?

먼저 인간은 왜 그토록 쉽게 타인을 미워하게 되는지 내 경험을 예로 들어 뇌과학적으로 분석해 볼까 한다.

대학원을 다니고 있을 때 난 이탈리아에서 열린 〈휴먼 브레인 매핑Human Brain Mapping〉이라는 학회에 참가한 적이 있었다. 그때 이런 경험을 했다.

2006년 독일 월드컵이 한창이었을 때, 나는 번화가에 있는 스포츠 바에서 독일 축구 대표 팀 경기를 관전하고 있었다. 가게 안에는 다양한 국가의 사람들이 있었는데, 독일이 실점하자 대다수의 프랑스인이 환호성을 지르는 것이었다. 프랑스와 독일의 경기가 아니었는데도 말이다.

프랑스와 독일, 이 두 집단의 대립과는 무관한 제3자인 내겐 그 광경이 매우 이상하게 보였고 솔직히 조금 놀랐다. '그냥 축구 경기일 뿐인데'라는 생각이 들었기 때문이다.

며칠 후, 비슷한 상황이 벌어졌다. 일본과 호주의 경기를 보기 위해 찾은 스포츠 바에 한국인 무리가 있었는데, 그들은 선제골을 넣고 경기를 리드해 가던 일본이 호주의 추격을 받다 결국 역전을 당하자 가게가 떠나갈 듯 함성을 질렀다.

나는 적잖은 충격을 받았다. 이번에는 내가 일본인이라는 집단의 당사자였기 때문이다.

한일 양국의 골이 깊다는 것은 역사책이나 뉴스를 통해 어느 정도 알고 있었고, 일본을 좋아하며 우호적인 한국인이 많다는 사실도 충분히 알고 있었다. 하지만 한국이 아닌 다른 나라와 일본의 축구 경기에 이런 반응을 보인다는 사실을 내 눈으로 직접 목격하고 나니 생각보다 충격의 여파가 컸다.

'이렇게 생각하고 있었구나…….'

이미 아는 사실이었음에도 순간 경계심이 생겼다. 한편으로는 내가 너무 쉽게 그들에게 낙인을 찍고 그들을 미워하게 되었다는 생각에 큰 충격을 받았다. 그날의 경험은 아마 절대 잊지 못할 것이다.

물론 그들은 한국인 중에서도 극히 일부에 지나지 않을 것이다. 게다가 난 한국을 이유 없이 낮게 평가하는 것은 부당하며, 편견을 갖고 바라보는 것이 오히려 부끄러운 행위라고 생각하는 사람이었다. 그런데도 그러한 이성을 초월한 강한 감정이 내 안에서 생겨났다는 사실에 적잖이 놀랐다.

한편 이성적으로 생각하면 이렇게 볼 수도 있다. 2019년에 정치적인 이유로 한일 양국 간의 왕래가 많이 줄었는데,

근 몇 년간 일본을 방문하는 한국인이 매년 700만 명을 넘는다고 한다. 앞서 말했듯, 상황이 달라지면서 어느 정도 증감은 있지만 비즈니스 파트너나 관광지로서의 매력은 느끼고 있다는 의미다.

하지만 극히 일부 일본인 집단이 과격한 배척 행동을 보이는 경우가 있다. 어쩌면 최근에 더 늘었을지 모른다. 모처럼 기분 좋게 일본을 찾았다가 그런 행동을 맞닥뜨린 한국인의 기분을 생각하면 마음이 좋지 않다. 유럽에서 내가 받은 충격과 비슷할 테니까.

서로 다르기 때문에 끌리고 또 미워하는 사람들

한편 오랜 시간에 걸쳐 서서히 타인을 용서하지 못하게 되는 사례도 있다. 그 전형적인 예가 바로 사랑해서 결혼한 부부가 '성격 차이'로 이혼하는 것이다.

일본 최고재판소의 사법 통계를 보면, 신청인이 남자든 여자든 상관없이 이혼 신청 사유 1위는 '성격 차이'였다. 그 이유는 충분히 이해가 가지만, 처음부터 성격이 완전히 일치하는 사람은 없다. 자신의 내면에서조차 인격 대립이나 모순이 발생하는데 타인과 일치되기를 바라는 건 무리가 아닐까?

처음에는 서로 끌리는 무언가가 있었으니 결혼을 했을 텐데, 뇌과학적으로 보면 사실 두 사람이 끌린 이유는 '서로 다르기 때문'이다. 즉, 달라서 재미있었던 것이다.

하지만 막상 결혼을 하면 그 다른 점 때문에 오히려 짜증이 난다. 아이러니하게도 연애하던 시절보다 서로의 거리가 가까워졌기 때문이다.

거리가 멀 때는 자신과 다른 부분이 존경과 애정의 대상으로 다가오지만, 가까워지면 갑자기 꼴도 보기 싫을 때가 있다. 결혼하고 바로 깨닫는 경우도 있지만, 수십 년이 지나고 남편이 은퇴해 함께 있는 시간이 늘면서 그전까지 깨닫지 못했던 차이가 문제가 되는 경우도 있다.

애초에 인간은 본인에 대해 잘 모른다. 스스로를 100퍼센트 좋아하기도 쉽지 않다. 그런데 타인은 오죽하랴. 설령 부부라 할지라도 적절한 거리와 애착의 정도가 존재한다. 그 정도가 과하거나 부족하면 갑자기 차이점이 결점으로 느껴지고 만다.

이는 다른 나라나 문화도 마찬가지다. 멀리 떨어져 있고 이해관계도 거의 없는 나라끼리는 어느 정도 동경심을 품고 깔끔한 우호 관계를 유지할 수 있는 데 반해, 거리가 가까운 나라는 교류가 많은 만큼 인연을 맺기 쉬워 근친증오적인 관계가 될 수 있다. 최근 한일 관계뿐 아니라 일본인과 한국인이 느끼는 공통점과 차이점은 어쩌면 두 나라의 거리가 좀 더 멀었다면 달라졌을지도 모른다.

그 어떤 천재도 가까이서 보면 그냥 '사람'이다

자세히 보면 결점뿐인 흔한 예로 '천재'를 꼽을 수 있다.

세상에는 다양한 장르가 있는데 어느 분야든 천재는 있기 마련이다. 외모가 잘생기고 아름다운 연예인, 뛰어난 두뇌를 가진 연구원, 재능 있는 예술가 등등. 그들의 재능에 많은 사람이 감동받고 감탄한다.

하지만 그들은 관중과 어느 정도 거리를 둔 채 보여 주고 싶은 것만 보여 주기 때문에 천재로 보일 뿐이다. 실제로 친해지고 보니 음식을 지저분하게 먹는다든가, 도둑이라도 든 것처럼 방이 난장판이라든가, 사람들과 대화를 잘 못한다든가, 폭력적인 면모가 있다든가 등 남들이 알지 못하는 여러 가지 단점과 문제점이 있을지도 모른다. 거리감이나 상황에 상관없이 늘 사랑받는 천재란 없다고 보면 된다.

이러한 관계성은 수많은 사람이 아름답다고 감탄하는 후지산과 꽤 비슷하다. 후지산은 멀리서 보면 정상은 하얀데 중턱은 푸르고 그 형태는 아름답기가 비할 것이 없으며 주변에 가리는 것 하나 없이 홀로 우뚝 솟아 있는 성층화산으로, 예로부터 신앙의 대상이 되어 왔던 영봉靈峯이다.

하지만 실제로 후지산을 오르다 보면 너무도 많은 등산객과 무분별하게 버려진 쓰레기 등 그다지 보고 싶지 않던 광경이 펼쳐진다.

이럴 거면 그냥 멀리서 보는 게 더 좋았겠다고 말하는 사람도 적지 않다. 인간관계 역시 마찬가지다. 멀리서 좋은 부분만 보는 편이 더 나을 때가 있다.

집단을 지속시키는 것이 곧 정의다

포유류 중 꽤 많은 종이 개체의 취약성을 보완하기 위해 집단을 형성한다. 특히 인간은 그 경향이 뚜렷하며 집단주의를 택하기 쉬운 성질을 지녔다.

그리고 어째서인지 각각의 집단은 툭하면 서로 대립한다. 집단주의는 '내가 속한 집단이 계속 집단으로서 유지되는 것이 정의'라고 보며, 그 밖의 윤리관은 전부 옵션으로 치부해 버릴 만큼 그 무엇보다 집단을 우선시한다.

이는 집단의 정의를 신봉하는 것과는 약간 다르다. 자신이 옳다고 생각하는 정의가 있기 때문에 그 집단에 속하는 것이 아니다. 집단의 일원이라는 사실 자체가 안전성과 효율을 높이는 무기가 된다. 때문에 한 집단에 속하고 그 집단의 존속을 최우선으로 삼는 것이다. 집단 구성원에게 정의란 자신이 속한 집단의 존속을 위협하는 무언가에서 집단을 지키는 것이며, 그보다 우선되는 것은 없다.

집단 내의 정의란 그 집단을 보호하고 존속시키는 데에 적합한 사항의 축적이라 할 수 있다.

인간은 집단을 이루어 살아가는 능력이 탁월한 생물이며, 집단생활에 성공했기 때문에 빌진할 수 있있다. 우리는 권력자 또는 다수의 의견에 따르는 행위가 자연스럽고 옳은 일임에 암묵적으로 동의하고 있으며, 대부분 그렇게 행동한다. 그런 상황에서 어떤 개인이 구성원의 지위를 부정하는 행동을 하면 혼란과 마찰이 야기될 수 있다.

인간의 유전자는 침팬지와 98퍼센트 이상 유사하다. 나머지 2퍼센트가 인간의 전두전야를 폭발적으로 발달시켰으며, 지식과 복잡한 언어체계를 구축하고 인간에게 특징적인 능력을 부여했다. 특히 주목할 점은 집단을 이룬다는 것, 즉 사회성 강화를 위해 사용하는 능력이다. 인간은 집단 내에서 정의를 체계화하고 규범을 만들며 사회성을 높였다. 여기서 우리는 인류의 진화 역사를 엿볼 수 있다.

'진보'와 '보수'의 대립을 뇌가 유발한다?

사회적 규범에 관한 약속 중 대표적인 예가 있다. 바로 각종 선거들을 통해 실현되는 민주주의다. 여기서 우리는 인간에게서만 나타나는 흥미로운 현상을 볼 수 있다. '정치판에서의 좌우 대립, 흔히 말하는 진보와 보수의 대립은 사실 뇌의 성질 차이 탓이 아닐까?'라는 지적 호기심을 강하게 자극하는 책이 일전에 미국에서 화제가 되었다.

바로 사회심리학자이자 뉴욕대학교 스턴경영대학원 교

수인 조너선 하이트Jonathan Haidt가 쓴《바른 마음: 나의 옳음과 그들의 옳음은 왜 다른가The Righteous Mind: Why Good People are Divided by Politics and Religion》이다.

하이트 교수는 신기탐색 경향(리스크를 무릅쓰더라도 새로운 것에 도전하려는 성질)이 강하고 주로 선악이나 윤리관에 입각한 판단을 내리는 사람들의 집단을 '진보'라 한다. 반대로 신기탐색 경향이 약하고 낯선 것과 새로운 판단을 좋아하지 않으며 선악이나 윤리관보다는 익숙함을 선택하는 집단을 '보수'라 한다. 그리고 진보가 보수에게 이기기란 과학적으로 불가능하다는 점을 시사하고 있다.

하지만 일본에 살면 이 주장은 실감하기가 힘들다. 일본이 이런 종류의 연구에서 뒤처졌기 때문이 아니라, 실제로 일본 사회를 대상으로 하면 연구 디자인을 제대로 할 수가 없어서다. 일본의 진보와 보수는 정당과 반드시 일치하지 않으므로 어떤 집단을 지지하면 진보고 어떤 집단을 지지하면 보수인지를 명확하게 구분하기가 어렵다.

이미 알고 있을지 모르겠지만, 일본에서는 진보와 보수의 주류는 오랜 기간 여야의 대립이 아닌 장기 집권 여당인 자유민주당의 당내 파벌이란 형태로 존재해 왔다. 당 내 논의를 통해 국회에서의 대략적인 시나리오가 결정되므로, 공개적인 자리에서 진보와 보수가 토론을 나누지도 않고 선거 때 유권자가 자신이 진보인지 보수인지를 고려하여 행동하지도 않는다. 그 파벌도 겉으로는 정책 집단을 표방하고 있지만, 실상은 세습과 출신 등 인간관계를 중시하는 연고적 요소가 강한 집단이다.

특히 중의원 선거가 소선거구제로 치러지기 시작한 후로는 '평소에는 자민당에 투표하고, 자민당이 큰 실정을 펼친 경우에만 야당에 투표하는' 선택 패턴이 기본인 경우가 많다(투표할 수 있는 자민당 후보는 한 선거구에 한 사람밖에 없으므로 그 후보자가 보수인지 진보인지 따지기가 어렵다). 이처럼 일본은 하이트 교수 같은 연구자가 대상으로 삼기에는 분석하기가 곤란한 나라다.

반면 미국은 일본보다 명확하게 '진보=민주당' '보수=공화당'으로 나뉜다. 물론 민주당 안에도 공화당 안에도 정치 성향이 조금씩 나뉘지만, 유권자가 투표할 때는 진보 진영의 손을 들어줄 것인지 보수 진영의 손을 들어줄 것인지 명확한 판단 하에 투표할 수 있다. 이렇듯 분석이 용이하므로 연구 대상으로 적합한 것이다.

하이트 교수는 진보가 보수를 이길 수 없다고 결론 내렸다. 구체적인 내용은 그의 저서를 참고하길 바라며, 여기서는 뇌과학의 측면에서 몇 가지 짚어 보고자 한다.

지지 정당은
유전자로 결정된다?

참고로 미국의 민주당 지지자와 공화당 지지자 사이에는 도파민D2수용체(DRD2) 다형(유전적 변이)의 비율에 유의미한 차이가 있다는 데이터가 있다.

데이터 분석 결과를 요약해 보면, 진보주의자(민주당 지지자)냐 보수주의자(공화당 지지자)냐는 유전적 소질과 관련이 있다고 한다. 물론 100퍼센트는 아니며, 어디까지나 통계적으로 유의미한 차이가 있다는 것이다.

여기에서는 이해하기 쉽도록 전자를 '진보 뇌', 후자를 '보수 뇌'라고 표기하겠다.

정치적으로 어떤 정당을 지지하는가에 진보 뇌와 보수 뇌의 차이가 드러난다고는 하지만, 민주당 지지사가 모두 '진보 뇌'를 가졌고 공화당 지지자가 모두 '보수 뇌'를 가진 것은 아니다. 그러나 만약 아무런 지식도 경험도 없는 상태에서 진보 뇌를 가진 집단과 보수 뇌를 가진 집단에 민주당과 공화당의 정보를 똑같이 제공한다면 진보 뇌는 민주당을, 보수 뇌는 공화당을 선택하는 비율이 매우 높게 나타날 것이다. 이는 진보 뇌인지, 보수 뇌인지에 따라 어느 당의 가치관과 정책에 친밀감을 느끼는지 어느 정도 결정된다는 의미다.

공화당의 가치관이나 정책이 진보 뇌의 소유자에게, 반대로 민주당의 가치관과 정책이 보수 뇌의 소유자에게 전혀 울림을 줄 수 없다는 말은 아니다. 이는 어디까지나 친밀감의 정도의 문제다.

그림으로 비유하자면, 화구와 지지체(물감을 칠할 종이나 캔버스)의 관계로 설명할 수 있다. 유화는 천으로 된 캔버스지에 그리는 데 반해, 수채화는 종이에 그리는 경우가 많다. 천에 수채화 물감으로 그림을 그리기는 쉽지 않고 보존하기도 어렵다. 색을 입히는 방법도 종이와는 다르다. 반대의 경우도 마찬가지다. '진보 뇌와 민주당 · 보수 뇌와 공화당'의 관계는 '유화와 천 캔버스 · 수채화와 종이'의 관계와 비슷하다.

본인은 타고난 수용체 자체에 차이가 있음을 인지하지 못하니 후천적인 학습과 경험, 그에 기초한 판단으로 투표한다고 생각하겠지만, 사실 그러한 행동은 이미 유전자 단계에서 어느 정도 결정되었을지도 모른다.

이 연구는 매우 파격적이다. 앞서 민주당과 공화당 내에도 저마다 가치관의 차이가 존재한다는 말을 했는데, 만약 선천적인 진보 뇌로 민주당 정치인이 된 사람과 보수 뇌를 가졌지만 후천적으로 민주당 정치인이 된 사람이 있다고 한다면, 그들 사이에서 당내 경쟁 및 대립이 일어난들 전혀 이상할 것이 없다.

또 뇌 자체도 나이가 들면서 변화하므로, 진보 뇌의 '진보 성향'도 점점 그 빛을 잃어갈 것이다. 여기에서도 개인차가 있으므로 역시 내부 대립이 발생할 수 있다.

누군가를 공격할수록 느끼는 황홀감

인간은 본래 자신이 속한 집단 외의 것은 받아들이지 않고 공격하는 습성을 지녔다.

이때 중요한 역할을 담당하는 것이 도파민이다. 우리가 정의 중독에 빠질 때 뇌에서는 도파민이 분비된다. 도파민은 쾌락과 의욕 등을 관장하며 뇌를 흥분시키는 신경 전달

물질이다. 한마디로 기분 좋은 상태를 만들어 주는 것이다.

그렇게 되면 자신의 집단을 지키기 위해 다른 집단을 공격하는 행위를 정의라 생각하고, 사회성을 유지하기 위해 필요한 행위로 인식한다. 공격하면 할수록 도파민으로 인해 쾌락을 느끼게 되므로 점점 끊기가 힘들어진다. 자신들이 말하는 정의의 기준에 맞지 않는 사람을 두고 정의를 위협하는 '악인'이라고 비난하며 쾌감을 느끼는 것이다.

이렇게 말하면 '난 그렇지 않다'고 생각하는 사람이 있을 텐데, 과연 그럴까?

예를 들어, TV에서 부모가 자식을 학대했다는 끔찍한 뉴스를 접할 때가 있다. 음식을 주지 않고 폭언과 폭행을 일삼으며 방치한 아이들은 큰 상처를 받거나 심한 경우 목숨까지도 잃고 만다. 정말 끔찍한 일이 아닐 수 없다. 자식을 둔 부모라면 절대 할 수도 없고 해서도 안 되는 짓이다.

언론은 연일 구체적인 내용을 보도하며 이렇게 비판한다. 이 부모가 저지른 끔찍한 일이 또 있다, 주위에서 이런 증언이 나왔다, 아이가 SOS 신호를 보냈는데 왜 행정기관은 가만히 있었나, 이러한 인간에게 부모 자격이 있는 것일까, 지역과 학교, 아동상담소는 대체 뭘 하고 있었나 등등……. 이를 보며 사람들은 이런저런 말들을 할 것이다.

우리는 시청자일 뿐 그야말로 무관하기 때문에 절대적인 정의를 확보한 상태에서 '나는 저렇게 아이를 학대하지 않아'라고 생각한다. 그리고 주목받는 사람에게 아무리 공격을 퍼붓더라도 제3자인 본인에게 불똥이 튈 우려가 없다는 것을 안다.

속으로 '미친 놈, 저런 건 봐주면 안 되지! 자기도 당해봐야 돼! 저런 건 사회에서 격리시켜야 해!'라고 생각하며 신상을 털거나 SNS에 과격한 의견을 쓰는 행위, 그것이 바로 정의 중독이다. 인간은 누군가를 공격하면 할수록 기분이 좋아지고 점점 그 행위를 멈출 수 없게 된다.

정의와 동조압력의 관계

정의 중독으로 나타나는 이러한 대립은 어느 집단에서나 일어날 수 있다. 여당과 야당, 영업부와 제작부, 독일인과 프랑스인, 그리고 남성과 여성 사이에서도 마찬가지다. ○○당이라서, 영업부라서, ○○인이라서, 남자라서 정의 중독에 빠지는 것이 아니라 인간이기 때문에 빠지는 것이다.

그런데 한편으로 정의 중독의 대립은 오히려 양쪽의 수요와 공급을 충족시켜 주기도 한다. 혐오 발언 수준의 주장을 내뱉는 집단과 혐오 발언을 하지 말라며 규탄하는 집단이 있다고 하자. 만약 어떠한 식으로든 해결이 되어 둘 다, 혹은 어느 한쪽이 사라진다면 거기에 속해 있던 사람들은 아마도 하루하루가 지루하게 느껴질 것이다.

눈앞에 있는 집단을 향해 "난 정의고, 넌 부정의다"라고 말하며 쾌감을 느끼므로, "혐오 발언이다!" "그게 무슨 혐오 발언이냐? 너야말로 혐오 발언 하지 마라"라고 싸우는 것은 서로 도파민을 분출하도록 돕는 행위나 마찬가지다. 죽일 기세로 으르렁대지만 정말로 죽어 버리면 곤란한 것이다. 옆에서 보면 무슨 한 편의 콩트 같지만 본인들은 진지하다.

스포츠계에서도 비슷한 구도를 볼 수 있다. 일본 프로 야구에서는 요미우리 자이언츠와 한신 타이거스의 경기를 전통의 라이벌전으로 생각한다. '한신 타이거스한테만큼은 절대 질 수 없다' '다른 팀에는 져도 요미우리한테는 이겨야 한다'라는 팬들의 심리를 보면, 경기의 승패뿐 아니라 팀 운영 방식이나 팬들의 태도를 서로 격하게 비난하면서도 사실은 그 대립 자체를 즐기는 듯 보인다. 이러한 스포츠계의 오랜 라이벌 구도와 그에 부수된 집단 심리는 세계 어디에서나 볼 수 있는 현상이다.

다만, 어디까지나 스포츠이므로 대부분의 사람들은 라이벌 관계나 그에 수반되는 비난전도 일종의 독특한 문화처럼 이해할 것이다. 만약 요미우리 자이언츠가 빠진 채로 리그가 시작되면 가장 아쉬운 쪽은 어쩌면 한신 팬일지 모른다. 반대 상황도 마찬가지다. 서로를 라이벌로 인정하는 것이니 참 아름다워 보이지만, 서로가 서로에게 '쾌감의 원천'이자 '도파민이 솟아나는 샘'이니 어떻게 보면 마약처럼 의존하는 관계이기도 하다.

이 대립 구도 속에는 또 한 가지 뿌리 깊은 문제가 숨어 있다. 모두가 요미우리 자이언츠의 유니폼을 입고 응원하는데 한신 타이거스 유니폼을 입고 들어가려면 꽤나 용기가 필요하다는 점이다. 반대의 경우도 마찬가지다.

개중에는 시비를 거는 사람도 있을 테고, 매너가 없다는 등 욕을 하는 사람도 있을지 모른다. 그런 시비가 붙지 않게 특정 구역에서는 상대팀 유니폼 착용 자체를 제한하는 경우도 있다. 아무리 적대심을 느낀다 해도 실제 대립하는 상대 집단 속에서 홀로 다른 행동을 하는 것은 심리적 부담이 클 수밖에 없다.

주위 사람들의 행동을 따라 해야 한다고 느끼게 만드는

환경적 요인을 '동조압력'이라 한다. 이른바 집단 내에서 암묵적으로 소수 의견을 가진 사람에게 다수의 생각을 따르라고 강제하는 것이다.

조금 극단적인 예일지 모르겠지만, 동성애자들은 자신의 성정체성을 공공연하게 드러내지 않았던 시절에는 커밍아웃 자체를 두려워했다. 지금도 여전히 성소수자에 대한 차가운 시선을 노골적으로 표출하는 사람들이 있다. 이는 그 사람뿐 아니라 옹호하는 사람의 행동까지도 전부 제한하는 결과를 낳는다. 평소에 "난 편견이 없는 사람이야"라고 자신 있게 말하던 사람들도, 비웃음까지 무릅쓰면서 그들을 옹호할 수 있을까? 솔직히 그건 상당한 용기가 필요하다고 본다.

서양인이 동양인을 구분하지 못하는 이유

인간의 뇌가 가진 집단 형성 기능은 이질적인 사람과 이방인을 배제하는 구조와 같다.

아시아권에 있으면 별로 느낄 일이 없겠지만 동양인이

서구권 나라에 가면 아마 뼈저리게 느낄 것이다.

난 이런 경험을 한 적이 있다. 미국에서 국내선 비행기를 탔을 때의 일이다. 앞좌석 아래에 놓아둔 가방에서 필요한 물건을 꺼내려고 손을 뻗었는데, 엘리트처럼 보이는 옆자리의 백인 남자가 갑자기 자기 가방에 손을 뻗더니 나를 힐끔 보고는 자기 짐을 멀리 옮긴 것이다. '이 아시아인이 내 물건을 훔칠 수도 있다'고 생각한 모양이다.

충격을 받지 않았다면 거짓말이겠지만, 한편으로는 우리 역시 다를 바 없다는 생각이 순간 머리를 스쳤다. 예를 들어, 행색이 초라하거나 뭔가 수상해 보이는 외국인이 옆에 앉아 내가 했던 행동과 똑같은 행동을 했다면 어땠을까? 경계 태세를 취하지 않았을 거라고 자신 있게 말할 수 있는 사람은 많지 않을 것 같다.

'인종과 피부색으로 차별하면 안 된다'라든가 '다양한 문화를 존중해야 한다'라는 주장이 정치적으로 옳은 것은 분명하지만, 자신의 안위와 재산을 보호하는 기능은 그보다 늘 우선되기 마련이다. 특히 자신이 속한 집단의 구성원들이 하는 행동은 별로 경계하지 않는데, 그 외의 사람들에게는 어느 정도 경계심을 품게 된다. 이는 일종의 안전장치 같은 것이지만, 자신에게도 똑같이 적용될 수 있음을 직접 경험하고 나면 동요할 수밖에 없다. 그런데 우리 뇌에는 그런 안전장치가 미리 심어져 있다.

심리학에서는 이를 내집단 편향Ingroup bias이라 부른다. 자신이 속한 집단(내집단, 인그룹)에 대해서는 자신이 속하지 않은 집단(외집단, 아웃그룹)보다 호의적이고 협조적으로 행동하는 경향을 말한다. 우리가 차별했다/차별당했다고 느끼는 것은 이 내집단과 외집단에 대한 편견 때문이므로 일률적으로 나쁘다거나 어리석다고 비난하는 것만으로는 결코 해결될 수 없다.

제2차 세계대전 중 어떤 연합국 군인이 자신과 똑같은 백인인 독일인을 죽일 때는 마음이 아팠지만 일본인을 죽일 때는 아무렇지 않았다고 한다. 같은 백인에게는 감정이입이 되어 양심의 가책을 느끼지만, 유색 인종인 일본인에게는 외집단 편향이 작용해 같은 인간이라고 느끼지 못하는 것이다. 백인 사회에서 살고 있는 사람은 동아시아인, 예를 들어 일본인, 중국인, 한국인을 외모만으로는 거의 구별하지 못한다. 반대의 경우도 마찬가지다. 우리가 프랑스인, 독일인, 영국인을 구별하는 것도 익숙한 사람이 아니고선 결코 쉽지 않다.

낯선 그룹의 사람들이 모두 똑같아 보이는 것이 바로 외집단 동질성 편향Outgroup homogeneity bias이다. 낯선 사람들을 볼 때는 그 사람의 외적인 특징에 먼저 주목하기 때문에 인격이나 감정의 움직임을 주의 깊게 보지 못한다. 안타깝게도 같은 인간으로서 느끼는 공감도 생기기가 어렵다.

이는 인종에 국한되지 않는다. 남자와 여자, 혹은 서로 다른 복식 문화를 가진 사람들 사이에서도 마찬가지다. 남자에게 여자는 한 명의 인간이기보다는 '여성'이라는 외집단에 속한 자로 인식된다. 여자에게 남자도 마찬가지다. 뭔가 논의가 벌어졌을 때 개개인의 인격을 모두 알 수는 없으므로 논의 내용보다는 '문제를 제기했다'는 사실 자체에 반감을 품는 경우가 많은 것도 모두 이 때문이다.

어긋난 편견이
우정을 갈라놓는다

3장 서두에서 언급한 월드컵 때 본 한국인들의 이야기도 집단 편향이 인간의 마음에 얼마나 쉽게 생기는지 보여 주는 예다. 이렇게 여러 집단이 서로 비난하는 상황과 관련해 각집단이 보이는 행동의 차이를 조사한 것 중 유명한 심리학

실험이 있다.

바로 1954년에 무자퍼 쉐리프Muzafer Sherif와 캐롤린 쉐리프Carolyn Sherif 부부가 한 실험이다. 미국 로버스 케이브 주립 공원에서 열린 캠프에서 실시한 연구라 '로버스 동굴 공원 실험Robbers Cave Experiment'이라고도 한다.

피험자는 백인 · 앵글로색슨 · 개신교 중산계급 출신의 10~11세 소년 22명이다. 그들을 두 집단으로 나누어 각각 캠프를 한 뒤 우연을 가장해 만나게 하는데, 두 집단 사이에 스포츠 등으로 경쟁심이 생길 만한 상황을 미리 설정해 놓는다. 예를 들어, 경쟁에서 이긴 그룹은 상품을 획득할 수 있다고 말해 두는 것이다. 그러자 두 집단은 바로 대립각을 세워 격하게 싸우기 시작했다. 상대 집단의 깃발을 태우거나, 주먹다짐을 하거나, 상대 숙소를 한밤중에 습격하여 물건을 훔치거나, 같이 밥을 먹는 식당에서 잔반을 던지는 등 그야말로 아수라장이 따로 없었다.

이는 인근 학군의 학교들, 또는 인접해 있는 비슷한 두 마을 사이에서도 사소한 계기로 싸움이 발발할 수 있음을 보여 준다. 이와 맥락을 같이 하는 사례가 '○○현에서는 A도시와 B도시의 사이가 좋지 않다' '남미 나라들은 축구를 하면 서로 죽일 기세로 싸운다' 등이다.

보기에 큰 차이가 없더라도, 두 집단의 인종이나 종교, 연령대, 성별이 같더라도 계기만 있으면 순식간에 경계선이 생기고 마는 것이다.

편향은 뇌의
알고리즘이다

인간은 아무리 조심한다 해도 같은 집단에 속한 사람들을 그 외의 사람들보다 좋게 보는 내집단 편향에 빠질 수 있다. 그리고 외집단에 대해서는 '멍청하다' 등의 낙인을 쉽게 찍어 버린다. 그만큼 강한 악의가 있어서라기보다는 그저 뇌가 제대로 작동하지 않아 편향에 사로잡힌 상태에 불과하다. 그런 상태일 때 우리 뇌는 자동적으로 일어나는 편한 처리 방식, 즉 일원적인 처리 방식을 택한다. 본인이 만약 '일본인은 원래 그래' '프랑스인은 대개 그런 식이지' 하고 단정 짓는 것 같다면 주의할 필요가 있나.

이것저것 따지지 않고 외집단 사람들을 일원적으로 처리할 수 있다는 것은 '뇌가 들이는 수고'라는 관점에서 봤을 때 비용 대비 효과가 뛰어난 행위다. '저 사람들은 원래 저러니까 그냥 놔둬'라고 한꺼번에 묶어 버리면 쓸데없는 생각을 하며 시간을 들이지 않고도 간단히 처리할 수 있기 때문이다. 원래 한국인이든 프랑스인이든, 관동지방 사람이든 관서지방 사람이든, 남자든 여자든 사람마다 차이가 있는 것이 당연하다. 그 사람이 살아온 인생이나 그 사람만의 생각이 있을 테니 개개인을 따로 떼어 판단해야 한다. 하지만 편향이 작용하면 쓸데없는 수고를 들이지 않고서도 일도양단一刀兩斷이 가능하다.

이러한 방식은 단순히 '저 집단은 우리와 달라'라고 생각하면 그만이니 신속한 판단이 필요할 때 매우 편리하다. 에너지 절약이라는 미명하에 뇌가 '꾀'를 부리는 것이라 할 수 있다.

미국 전 대통령인 트럼프를 둘러쌌던 상황은 일원적 처리의 좋은 예일지도 모른다. 트럼프를 비판하는 집단은 그를 '또라이'라고 불렀다. 그렇게 한마디로 정의해 버리면 편하기 때문이었다. 하지만 이른바 '트럼프 현상'이 일어나는 이유 등에 대해서는 깊이 고찰하지 않았다.

한편, 트럼프 지지자들 역시 트럼프 적대 세력을 '국민의 적' 또는 '가짜 뉴스' 등으로 표현하며 일원적으로 처리했다. 그 비판에 근거가 있든 없든 적절하든 아니든 상관

없었다. 그들은 트럼프가 트위터에서 "그 비판 기사는 가짜 뉴스다!"라고 주장하면 통쾌함을 느꼈다. 그리고 별로 듣고 싶지 않거나 자신들에게 불리한 비판은 완전히 무시하고 그야말로 가치 없는 것처럼 몰고 가 일괄적으로 처리해 버렸다.

공동체의 정의가 우선인 사람들

스스로 정신을 바짝 차리지 않으면, 인간은 누구나 친한 사람들에게는 너그럽고 그 외의 사람들에게는 엄격한 태도를 취하게 된다. 이것이 바로 자신이 속한 집단 내의 인물은 너그러이 평가하고 집단 밖의 인물은 엄격하게 평가하는 '내집단 편향'이다.

예를 들어, 정치적으로 대립하는 A와 B라는 세력이 있다고 해 보자. A의 유명 정치인이 노력적으로 문제가 될 행동을 했다는 보도가 나오면 어떻게 될까? B에 속한 사람들은 절호의 기회를 놓치지 않고 일제히 달려들어 공격할 것이다. 집단 밖의 인물이 실수를 저질렀기 때문이다. "나쁜 놈

이네" "저런 사람이 어떻게 정치를 하나" "당장 해명해라" 등 우리가 흔히 듣는 그런 말들로 책임을 추궁할 것이다.

만약 똑같은 일을 B의 정치인이 했다면 B에 속한 사람들의 반응은 과연 어떨까? "그게 정치 능력과 무슨 상관이 있나?" "이 정도로 정치 생명이 끊기면 너무 아깝다" "그것보다 더 본질적인 논의를 해야지"라고 말하지 않을까? 물론 특정 사건을 두고 한 말은 아니지만, 이런 일들이 너무도 빈번하게 일어나기 때문에 실제 사건을 떠올려 연관 짓는 사람도 있을지 모르겠다.

또 다음과 같은 현상도 설명이 가능하다. '자기가 속한 집단이 옳다고 여기는 것' 외에는 절대 받아들이지 않고 무시해 버리는 현상 말이다.

2014년 루게릭병 연구를 지원할 목적으로 시작된 아이스버킷 챌린지가 화제가 된 적이 있다. 각계 저명인사들이 앞다투어 챌린지에 동참했고 그 모습이 SNS를 통해 큰 화제를 불러일으켰다. 그러자 이 운동을 지지하는 사람과 그렇지 않은 사람이 트위터 상에서 설전을 벌이기 시작했다. '얼음물 뒤집어쓰는 걸 SNS에 올리는 행위가 정말 루게릭 환자를 위해서냐? 그냥 자기 이름 알리려고 그러는 거지'라는 반대 의견과 '그렇지 않다, 유명인이 하니까 지원이 더 늘어나는 거다'라는 찬성 의견이 대립한 것이다.

그러던 중 한 루게릭 환자가 직접 아이스버킷 챌린지에 감사를 표하는 트윗을 올렸다. 하지만 이 운동을 곱지 않은 시선으로 보던 사람들은 해당 트윗을 거의 리트윗하지 않았고, 환자가 어렵게 낸 귀중한 목소리는 그대로 묻혀 버리고 말았다.

당사자가 "도움이 되고 있고 감사하다"라고 말했으니 그 논쟁은 이미 결론 난 셈인데, 반대파로선 자신들의 존재 의의를 뿌리부터 부정하는 말이라 순순히 받아들이기가 어려웠던 모양이다.

게다가 본인이 속한 집단의 존속에 불리한 행동(이 경우는 해당 트윗을 리트윗하는 것)을 하면 '배신자'로 찍혀 배척당하고 심하면 공격의 대상이 될 수도 있기 때문에, 사정상 그런 행동을 할 수 없기도 했다.

정의를 내세우며 몸집을 불리는 집단

모든 집단은 성장하는 과정에서 내집단 편향을 이용한다.

예를 들어 종교 단체도 발생 단계에서는 내집단 편향을 이용했다. '집단 내의 교리=정의'라 말하며 그 정의에 반대하는 집단을 모두 외집단으로 만들어 버린 것이다. 외부의 박해를 '정의를 저해하는 악'이라 명하고 집단 구성원 공통의 적으로 규정짓고 나면 집단의 결속이 점점 두터워지기 때문이다.

특히 수많은 종교 집단에서 이러한 구조를 볼 수 있는데, 그 대표적인 예로 초기 기독교를 들 수 있다. 초기 기독교는 박해를 받아 오히려 신도들의 신앙심이 깊어졌으며 그로 인해 집단의 규모도 크고 강인해졌다. 일본의 종교인 니치렌*의 포교 스타일도 이와 유사하다. 일부러 적을 만들고 상대의 공격을 오히려 신앙심을 높이는 요인으로 활용한 것이다. 집단을 형성하는 신도들의 활동을 촉진하여 강인하고 장기적으로 지속될 수 있는 집단으로 만드는 데에 성공했다.

이렇게 '정의를 위해 몸바쳐 싸우는 것'은 뇌과학적으로 봤을 때 그 효용이 결코 적지 않으며 뇌 안의 보수계를 활성

---

* 일본의 불교종파의 하나인 니치렌종의 창시자. 니치렌종의 문파가 한국에 들어온 것이 '일련정종(日蓮正宗)', '창가학회(創價學會)' 등이다.

　　　　　　　　　　　　　　정의 중독

화시키는 효과가 있다. 인간을 유심히 관찰하여 '타인을 용서하지 못하는 감정'을 정의와 결부시키고 집단 내의 결속을 도모하는 데 이용하는 동시에, 그 자체에서도 쾌감을 느끼는 것이다. 한 종교가 내부에서 분열되어 파가 갈릴 때 이와 같은 흐름을 보이는 경우가 많다.

'공격을 견딜 수 있는 정신력과 자원이 있다면'이란 조건이 붙긴 하지만 외집단이 반발할 만한 정의 구조를 만들 수만 있다면, 외집단의 공격을 이용해 내집단의 결속을 다지고 대항하기를 반복해 조직을 확대할 수 있다.

인터넷 사회는 확증 편향을 증폭시킨다

자신은 무교이므로 관계없다고 생각하는 사람도 있을 것이다. 그러나 이러한 현상은 종교 단체에 국한되지 않는다. 종교 단체는 어디까지나 수많은 예시 중 하나일 뿐이다. 이러한 집단의 특징은 인터넷 사회가 발전하면서 점점 은밀해지고 나도 모르게 그 시스템 안으로 들어가 버릴 가능성이 크다는 점에 있다.

SNS에서는 비슷한 것끼리 연결되는 경우가 많아서, 자신과 비슷한 성향의 집단에서 원하는 정보만 취사선택하게 된다(뒤에서 설명할 광고도 그러하다). 매일 그것을 반복하다 보면 어느새 자신은 옳고, 자신의 주장이 곧 정의이며, 그것이 세상의 진리라고 믿게 된다. 이를 확증 편향Confirmation bias 이라고 하는데, 집단 내에서도 나타날 수 있다. 심층 학습이 얼마나 무서운지를 보여 주는 것이기도 하다.

인터넷 세계의 비즈니스는 간단히 말해, 광고 매체로서 인터넷 사용자들이 얼마나 많이 '클릭'하게 만드느냐에 달렸다. 그래서 개개인의 검색 경향을 수집하고 그에 맞춰 정보나 광고를 제공한다. 이는 전체 사용자의 취향을 분석한 정보를 기반으로 한 것이다.

사용자 개개인의 화면에 사용자가 관심을 보일 것이라 예상되는 광고를 효율적으로 표시할 수 있는 이유가 바로 이 때문이다. 즉 사용자 본인은 매일 인터넷에 접속해 새로운 정보를 접한다고 생각하겠지만, 사실은 자신의 관심사를 기반으로 취향에 맞게 구성된 정보들이 표시되는 것뿐이다.

우리는 '인터넷에서 새로운 지식을 얻었다' '새로운 뉴스를 접했다'고 생각하겠지만, 사실 그것은 필터에 걸러진 정보일 뿐이며 자신의 세계는 매우 한정적일지도 모른다는 사실을 알아야 한다. 인터넷 기반의 기업이나 광고주는 사람들이 다양한 정보를 고루 접하거나 균형 있게 세상을 바라보길 원하지 않는다. 그들의 바람은 단순하다. 사람들이 얼마나 '클릭'을 많이 하는가.

진부한 이야기로 들리겠지만, 신문이나 책을 취사선택해서 읽지 않고 다양하게 훑어보는 행위가 의외로 중요하다. 또 일부러 자신과 의견이 다른 사람, 자신과 다른 부류의 사람을 팔로우하거나 전혀 관심 없는 정보를 검색해 보는 것도 효과가 있다. 이에 관해서는 4장에서 살펴보도록 하겠다.

나이를 먹으면 뇌는 보수화된다

가능하다면 자신과 다른 외집단 사람들의 생각도 단순히 '외집단이니까'라며 배제하지 않고 존중하며 서로 인정하는 것이 좋다.

하지만 사실 이것은 뇌과학적으로 어려운 문제다. 상대가 누구든 공감하며 행동하고 인간으로서 존중하며 인정하는 것은 매우 고차원적인 기능으로, 전두엽의 안와전두피질

Orbitofrontal cortex이라는 영역에서 관장한다.

이곳은 25~30세 정도가 되어야 성숙하며, 완전히 발달하려면 그에 상응하는 자극(교육)이 필요하다. 또 알코올 섭취나 수면 부족 등과 같은 이유로 기능이 쉽게 저하된다. 게다가 그 기능이 완성되기까지는 인생의 약 3분의 1 정도되는 오랜 시간이 걸리는 데 반해 쇠퇴하는 것은 순식간이다.

최근 뉴스 등에 자주 언급되는 진상 노인이 그 전형적인 예다. 그들이 자신의 도덕관에 입각해 상대에게 다짜고짜 화를 내고 무례하게 행동하는 것은 전두엽의 배외측전두전야가 퇴보했기 때문일지도 모른다. 보통 나이가 들면 사고가 보수화된다고 하는데, 그것과 같은 이유로 설명이 가능하다. 실제로는 뇌가 노화되어서 보수화된 것이라 추측할 수 있다. 여기서 말하는 '보수화'는 정치사상적인 보수의 의미가 아니라, 자신이 본래 가진 사상의 경향이 좀 더 둔화되고 그 밖의 의견은 자동적으로 기각되는 확증 편향이 작동해 사고가 더욱 경직됨을 의미한다. 노화가 진행되면서 자신이 속한 집단의 논리밖에 수용하지 못하는 것이다.

이성은 직감을
이길 수 없다

사상적인 보수와 진보의 이야기도 조금 해 볼까 싶다. 뇌과학적으로 보았을 때, 이성과 직감이 대립하면 대부분 이성이 지게 되어 있다. 이는 앞서 언급한 것처럼 진보가 보수를 이기기 어려운 이유이기도 하다. 우리가 좀처럼 다이어트에 성공하지 못하는 것도 똑같은 이유에서다.

보수를 추구하는 사람은 안전 지향적이며 지금까지 겪은 성공 체험을 믿고 거기에서 크게 벗어나지 않으면서 사는 것이 현명하다(안전하다)고 생각한다. 안전하면서 확실한 방법이 가치가 크다고 보는 '신중파'라고 할 수도 있겠다. 반면에 진보를 추구하는 사람은 이미 존재하는 확실한 패러다임에 대해 항상 새로운 선택지가 없는지 살피며 논리를 갱신해 나가려 한다. 그리고 그러한 행위 자체가 인간으로서 마땅히 해야 할 바람직한 모습이라고 생각하는 경향이 강하다.

이 둘의 대립은 뇌과학에서 말하는 '바텀업Bottom-up(상향식)'과 '탑다운Top-down(하향식)' 방식의 대립이라고도 할 수 있다. 이러한 표현은 경영이나 조직론에도 있는데, 거기서

쓰이는 용어와 혼동하지 않도록 주의하자.

뇌과학에서는 전두전야가 결정한 사항에 인지적으로 따르는 것을 '탑다운'이라 부른다. '다이어트를 해야 한다' 혹은 '진보 진영을 지지해야 한다' 등의 사고는 전두전야에 의한 탑다운 방식에 해당된다.

하지만 탑다운 방식으로 사고하면 돌이켜 봤을 때 현명하지 못했다는 생각이 드는 경우가 의외로 많다. 그 흔한 예가 바로 다이어트와 요요 현상이다. 인간은 전두전야에서 다이어트의 장점이 무엇인지 생각한다. '예뻐지고 싶다' '건강해지고 싶다' '일단 목표를 달성하는 습관부터 들여야겠다' 등과 같이 자신이 원하는 이상적인 모습을 그려 놓고 다이어트를 결심한다. 그러면 본래 인간이 지닌 '먹고자 하는 본능', 다시 말해 바텀업의 욕구를 365일 내내 억제해야 하는 상황이 된다. 오로지 다이어트 생각을 하는 데에 뇌의 자원을 모두 사용하는 바람에, 그 밖에 해야 할 일이 많은데도 다른 것까지 신경 쓸 여유가 없다. 그러다 보면 점점 귀찮아지거나 재미없고 힘들어져 어느 순간 지긋지긋해지고, 결국 다이어트가 사고의 중심에서 조금씩 밀려나면서 요요가 오는 것이다.

진보, 즉 '이상적인 사회를 만든다' '올발라야 한다'는 사고는 전두전야에서 제어한다. '다이어트를 해야 한다' '마른 편이 더 예쁘고 건강해 보인다'는 사고와 '기존의(고루하고 잘못된 생각일지 모르는) 방식은 부정해야 한다' '사회는 좀 더 옳은 방향으로 바뀌어야 한다'는 사고는 모두 현실에서 바텀업 사고를 억제하는 방식으로 이루어지는 것이다.

극단적인 예일지 모르겠지만, 다음과 같은 상황은 어떨까? 자신이 존경하는 아버지에게 다음과 같이 배우면서 자랐다고 해 보자. 아버지는 늘 "힘들어하는 사람이 있으면 도와줘야 한다"라고 말씀하셨고, 본인도 그렇게 행동하셨다. 그리고 자신도 아버지의 말씀이 옳다고 믿으며 살았다.

그런데 만약 이웃이 "생활이 어려우니 앞으로 매일 먹을 것 좀 주시면 안 될까요?" "댁에는 차가 여러 대 있으니 우리 집에 좀 빌려 줄 수 없겠습니까?" "세탁기가 고장 나서 그러는데, 필요할 때마다 가서 세탁을 좀 해도 될까요?" 등과 같은 요구를 해 온다면 어떨까?

아버지의 가르침을 따르자면 이웃의 요구를 들어주는 것이 옳다. 하지만 그 가르침대로 실면 결국에는 이웃에게 모든 자원을 뺏길 우려가 있다. 경우에 따라서는 생명의 위협을 느끼는 상황이 발생할 수도 있다.

뇌는 너무 똑똑해지지 않도록
만들어졌다

이는 결코 개인 의지의 문제가 아니다. 실제로 인간의 뇌 구조는 사람답게 살게 하기 위해 전두전야가 시키는 것을 과하게 따르지 않도록, 한마디로 '너무 똑똑해지지 않도록' 설계된 듯 보인다. 살기 위해서는 먹어야 하는데, 그 본능을 거스르며 억지로 다이어트를 계속하면 건강을 해치고 심할 경우 생명을 잃을 수도 있다. 본래 탑다운 시스템이 약한 것이 건강한 상태이며, 우리 몸은 그렇게 만들어졌다.

그 전형적인 예가 바로 여성과 출산의 관계다. 여성이 자신의 생명 유지를 최우선으로 여긴다면 아이를 낳는 행위는 리스크가 너무 크다. 실제로 의료 기술이 지금처럼 발달하지 못한 시대에는 아이를 낳다가 죽는 여성도 많았다. 하지만 그렇게 되면 인간이 멸종된다. 때문에 탑다운 방식으로는 제어할 수 없는 애정과 성욕, 아이에 대한 애착 등이 강해지도록 만든 것이다.

기억력도 마찬가지다. 완벽하게 기억하고 쉽게 잊어버리지 않길 바라는 사람도 있을 것이다. 하지만 기억은 처음부터 불완전하도록 설계되었다. 심지어 임의로 기억을 합성하거나 바꿔치기도 한다. 경우에 따라서는 옛 연인과의 기억과 현재 배우자와의 기억이 뒤섞이는 사태도 발생한다.

그러나 만약 완벽하게 기억할 수 있는 사람이 있다면 어떨까? 지우고 싶은 기억을 잊어버리지도 못하고, 주위에 맞추기 위해서라도 적당히 기억을 바꿔치기하고 싶은데 그러지도 못하니 인생 자체가 상당히 피곤할 것이다.

기억이 서서히 사라지거나 교체되는 것은 좀 더 행복하게 살기 위한 자연스럽고 당연한 기능이다.

예를 들어, 자신이 겪은 위험한 일들을 학습하여 비슷한 상황을 피하기 위한 안전장치로서 기억 체계가 발달했다면, 일정 기간 그러한 위기를 겪지 않았을 때는 우선순위를 낮게 조정할 필요가 있다. 그보다 높은 빈도로 혹은 치명적인 영향을 끼칠 수 있는 위험 상황을 우선적으로 회피해야 하며, 좀처럼 일어나지 않는 일에 기억의 자원을 할애하면 오히려 중요한 일에 대응하지 못하고 위험에 처할 우려가 있기 때문이다. 또 기억이 사라지지 않으면 과거의 실패뿐 아니라 성공 체험에 갇혀 새로운 일에는 선뜻 도전하지 못하게 되어 버린다.

따라서 인간의 능력 중 일부에 불과한 기억력에 초점을 맞춘 현대 교육과 입시 제도는 어렵게 최적화되어 온 인류의 생존 전략을 오히려 뒤흔드는 꼴이라 할 수 있다. 시험에서 고득점을 받기 위해서는 기억력이 좋아야 유리하지만, 그 결과만 갖고 그 학생이 우수한지 아닌지 등급을 매기는 것은 문제가 있다고 생각한다.

왜냐하면 테크놀로지의 발달로 불완전한 인간의 기억력은 점점 보완이 가능해졌고, 실제로 사회에서도 그런 기술이 이용되기 시작했기 때문이다. 일본어는 한자의 비중이 매우 큰데, 문자를 컴퓨터나 스마트폰으로 찍으면 한자 쓰는 법을 잊어도 별 문제가 없다. 그리고 애초에 한자를 외우는 인간의 기억력은 컴퓨터와 스마트폰을 절대 이길 수 없다. 그렇다면 사용 빈도가 그리 높지 않은 한자는 애써 외우기보다 그냥 전자기기의 힘을 빌리는 편이 좋지 않을까?

요즘은 경찰들도 도주하는 용의자를 쫓을 때 목격자의 정보에만 의존하지 않고 CCTV를 활용한다. 또 교통사고가 발생하면 사고 당사자의 기억에 기초한 증언보다 블랙박스 영상이 더 확실한 증거로 인정된다. 인간의 불완전한 기억력을 보완하는 이러한 기기의 성능이 인간보다 뛰어나다는 사실을 우리는 이미 알고 있다. 기기의 성능은 앞으로 더욱 발달할 것이므로, 우수한 인재를 구분하는 기준으로 기억력이라는 척도를 사용하는 것은 시대착오적이라는 점에 아마 모든 사람이 동의할 것이다.

'자기일관성의 원리'라는
함정

인간은 자신이 줄곧 말해 온 것, 해 온 것, 믿어 온 것을 쉽게 바꾸지 못한다. 그리고 지금껏 남들에게 보인 모습과 모순되지 않게 행동해야 한다는 근거 없는 생각에 무의식적으로 얽매여 있다. 이를 심리학에서는 '자기일관성의 원리 Self-consistency'라 부른다.

일단 "난 보수다"라고 내뱉어 버리면 보수처럼 행동해야 할 것 같고, "저 사람은 싫어"라고 공언하고 나면 설령 나중에 생각보다 좋은 사람인 것 같아도 본인이 내뱉은 말이 있으니 친해질 수가 없다.

'자기일관성의 원리'라는 표현에도 재미있는 사실이 숨어 있다. 이 표현 뒤에는 인간 자체가 사실 일관적이지 못하다는 현실이 있기 때문이다. 그렇기에 '일관성을 유지해야 한다'는 인지가 작동하게 되는 것이다. 그 배경을 연구하는 연구자들도 하나둘씩 생겨났다.

달콤한 카페오레도 좋지만 블랙커피도 좋고, 요미우리 자이언츠와 한신 타이거스를 둘 다 좋아하며, 트럼프는 싫지만 미국인은 좋고……. 언뜻 모순된 듯 보이고 일관성 없는 듯한 조합이 실은 무수히 많다. 본래 인간이란 특별히 일관된 취향이나 판단 기준을 갖고 있지 않다.

이는 흥미로운 현상인데, 정신을 바짝 차리지 않으면 인간은 자신의 일관성에 강하게 매몰되어 유연한 사고를 하지 못할 때가 있다.

인간이 스스로 만들어 내고 구축한 사회 제도의 이상을 완벽히 실행하기 힘든 이유가 있다. 그건 의식적으로 '일관성을 보여야 한다'는 생각을 하지 않으면 금세 흔들리고 마는 인간 본질의 다면성과 사회 제도를 컨트롤하려는 자세가 매치하지 않기 때문일지도 모른다.

민주주의로 대표되는 사회 제도는 인간이 봤을 때 가장 이상적이라 생각되는 시스템이다. 하지만 사회를 구성하는 개개인의 뇌가 반드시 일관성을 가진 것은 아니며 이성적으로 사고하는 탑다운 방식의 뇌 기능은 원래 약한 것이 정상이다. 그러므로 이렇게 이성에 의존하는 시스템은 토대부터가 취약할 수밖에 없다. 타인에 공감하기까지 한 해 두 해 점점 나이를 먹는데, 그러다가 금세 늙어 버리고 금세 폭주하며 타인을 거부하고 자신만의 정의에 집착하고 마는 것이다. 이렇게 취약한 기관을 토대로 한 구조에 의존하면 위험하다는 사실은 누구나 알 텐데, 의외로 많은 사람이 그런 생각을 하지 못한다는 것이 신기할 따름이다.

그럼 인간이 스스로 컨트롤해야 하는 제도에 의존하지 않고 인공지능을 통해 구성원 모두가 좋아할 만한 전략을 발견한다면 문제를 해결할 수 있지 않을까? 사실 현 시점에서는 아직 힘들 것 같다. 현재의 빅데이터와 딥 러닝(심층 학습) 기술을 이용한 인공지능으로는 오히려 인간이 지닌 결점이나 일관성 부재가 과도한 학습으로 증폭되어 원치 않는 결과를 초래할 우려가 있기 때문이다.

정의 중독이 주는 쾌감과 고뇌

정의 중독에 빠져 타인을 비난하면서 쾌감을 느끼는 사람 중에도, 어느 순간 '사실은 내가 틀린 게 아닐까?' '내가 생각하는 정의에 반하는 사람을 멍청하다고 비난하는 내가 잘못된 것은 아닐까?' 하고 스스로 반성하는 모순된 감정을 느끼는 사람이 있다.

이 또한 뇌 기능의 일부다. 타인을 공격하면 뇌가 부정적인 피드백(여기서는 분노와 공격성을 유발하는 호르몬의 분비를 억제하는 것)을 받을 수 있다. 만약 똑같은 상황에서 긍정적 피드백(호르몬 분비를 더욱 촉진하는 것)을 받는다면 서로 제어가 되지 않아 난투가 벌어질 것이다.

인간에게 이러한 부정적 피드백 기능이 처음부터 있었는지, 아니면 나중에 생겼는지는 아직 밝혀지지 않았다.

나 역시 이러한 양가감정이 뇌에 공존할 수 있는 이유를 과학적으로 자신 있게 설명할 수는 없다. 단, 한 가지 유력한 가설은 다양한 가치관의 공존이 급격한 환경 변화와 새로운 가치에 한 세대가 대응할 수 있는 가능성을 제공한다는 해석이다. 동적 평형Dynamic equilibrium으로 표현하는 경우도 있는데, 이를 통해 유전적 자질에 의존하지 않고도 환경 변화를 예민하게 알아채 생존 전략을 재빨리 변경할 수가 있다.

정의 중독

4장

정의 중독에서 벗어나는
아주 작은 뇌 습관

미움의 고통에서 벗어나
평온한 마음으로 살려면

마지막 장에서는 누구나 빠질 수 있는 정의 중독 상태에서 해방되는 과학적 방법, 그리고 일상생활 속에서 전두전야를 단련시키는 방법에 대해 살펴보려 한다. 동시에 평온한 마음으로 살아가기 위해서는 사물을 어떻게 바라보아야 하는지에 대해서도 다루어 볼 예정이다.

인간에게 집단 형성 자체가 정의이자 생존 수단인 이상, 집단을 보호하는 기능은 불가결하다. 또 정의 중독을 억제하는 기능을 가진 뇌의 전두엽은 나이가 들수록 점점 위축되는 경향이 있으므로 정의 중독에서 완전히 벗어나긴 힘들다.

그러면 발상을 전환해 보는 것도 하나의 방법이다. 사회적 동물로 살아가도록 프로그래밍 되어 있는 것을 오히려 강점으로 생각하면 보다 효과적인 전략을 택할 수도 있다.

왜 용서할 수 없는지 객관적으로 생각하기

우선은 자신이 정의 중독 상태에 빠졌는지 여부를 스스로 파악할 수 있느냐가 중요하다. 그것을 알려면, 일단 '저 사람은 절대 용서 못 해!'라는 감정이 생겼는지를 먼저 파악할 필요가 있다. 어떨 때 '용서할 수 없다'는 생각이 드는지 알 수 있다면, 자신을 객관화하여 정의 중독을 억제하는 것도 가능하기 때문이다.

상대는 꼭 사람이 아니어도 상관없다. '이 방송 정말 어이가 없네' '○○당은 답이 없어' '○○교는 도저히 좋게 봐줄 수가 없다' '요즘 젊은 것들은 못써' 등과 같이, 무언가에 분노의 감정이 솟구쳤을 때는 그 감정을 증폭시키기 전에 한 템포 쉬면서 '지금 내가 중독 증상이 심해졌구나'라고 생각해 보자.

이때 용서할 수 없는 스스로를 책망하거나 비하할 필요는 없다. 누차 이야기하지만 인간은 원래 어리석은 동물이기 때문이다. 오히려 평소 조심스럽게 덮어 두었던 감정이 어떠한 계기로 인해 한꺼번에 폭발해 버리지는 않을까 걱정해야 한다. 만일 별 것도 아닌 일에 '저 사람 바보야?'라는 생각이 든다 해도, 그럴 때마다 의식적으로 스스로를 멈춰 세울 수만 있다면 꽤 괜찮은 억제력을 가졌다고 봐야 하지 않을까?

조금 긍정적으로 접근해 보자. 타인이나 외집단 사람들을 '용서할 가치가 없다' '멍청하다'고 생각하는 것은 정의 중독에 빠졌기 때문이지만, 조금 더 깊이 생각해 보면 타인에게 신경 쓸 만큼 여유가 있다는 의미로 해석할 수 있다.

인간의 뇌의 크기와 기능은 산업혁명 이후에도 크게 달라지지 않았는데, 지금의 생활 자체는 당시와 많이 다르다. 적어도 선진국에서는 밥을 짓느라 고생하거나 멀리서 물을 퍼 와야 한다거나 내일 먹을 음식을 걱정할 필요가 없다.

그만큼 요즘 선진국에 사는 사람들은 선두선야도 쓸데없는 생각을 할 여유가 생겼다는 의미다. 예전에는 본인의 삶과 주변 사람들의 일만으로도 버거워 공동체 밖의 사람들이 어떻게 살든 신경 쓸 겨를이 없었다. 그런데 지금은 생판

남의 일에도 간섭할 만큼 여유가 생긴 것이다. 그만큼 예전보다 살기 좋은 세상이 되었다는 뜻이기도 하다.

'옛날엔 좋았지'는 뇌가 늙었다는 신호

만약 당신이 '옛날엔 참 좋았지'라는 생각에 자주 잠긴다면 주의할 필요가 있다. 과거를 추억하며 그리워하는 행위는 뇌의 전두전야가 노화하고 있다는 신호일지 모르고, 정의 중독과 다를 바가 없기 때문이다.

인간의 뇌는 과거의 기억을 멋대로 재구성한다. 괴로웠던 경험이나 일상적인 요소는 싹 지우고 좋은 것만 골라 마음대로 조합하는 것이다. 머릿속에 떠오르는 기억은 상당히 미화되었을 가능성이 있으므로 유의할 필요가 있다.

예를 들어, 가끔 "예전엔 참 좋았는데. 예전 정치인들은 다들 터프하고 카리스마가 있으면서 근성도 있고 리더십이 넘쳤어. 그 시절로 돌아갔으면 좋겠다"라는 말을 들을 때가 있다. 다들 어디선가 한 번쯤은 들어 봤을 것이다. 어쩌면 공감하는 사람도 있을지 모른다.

하지만 기억을 찬찬히 더듬어 보면, 옛날 정치인들이 현역이었을 때 지금보다 더 좋았다고 인정할 만한 일이 과연 얼마나 있었는가? 당시 대중매체는 동시대 정치인의 문제점을 계속 찔러댔고 선거법도 당연히 지금과 달랐다. 오랜 시간에 걸쳐 개혁한 결과 지금에 이른 것인데, 어째서인지 안 좋았던 점들은 잊고 만다. 그러면서 그저 '그때는 좋았다'라고 말하는 것은 너무 무책임한 발언이 아닐까?

인간이 종종 이러한 생각에 빠지는 이유는 뇌가 늙었기 때문이다. 노화로 인해 전두전야의 기능이 약해지면 아무래도 새로운 것을 받아들이기가 힘들어진다.

이러한 사고 패턴은 다양한 장면에서 엿보인다. 옛 향수를 자극하는 노래나 영상만 즐기게 되거나, 옛날이야기 말고는 재미가 없다거나, 늘 비슷한 음식만 먹는다거나, 새로운 사람과의 만남보단 알고 지내던 사람과의 만남을 좋아하는 것 등등. 물론 그것들이 전부 나쁘다고는 할 수 없지만, 이러한 경향은 전두전야의 퇴보를 의심해 볼 수 있는 신호다.

그리고 이때도 기억은 미화된다. 옛 연인을 그리워한들 지금은 외모도 성격도 다 변했을 텐데 기억 속에서는 당시 모습 그대로인 경우가 많다. 자기가 잘못해서 헤어졌으면서 기억 속에서는 사이 좋고 달콤했던 시간만 남아 있는 경우도 많다. 자기가 한 짓은 잊어버려도 당한 일은 잊지 않는 것도 흔한 일이다. 그러니 주의할 필요가 있다.

뇌의 성년은 30세

이쯤 되면 자신의 뇌가 얼마나 노화했는지 슬슬 걱정되기 시작할 것이다. 사실 자신의 전두전야가 얼마나 발달 혹은 퇴보했는지는 MRI(핵자기공명영상법) 검사로 전두전야의 피질 두께를 측정하면 어느 정도 추측할 수 있다.

전두전야의 두께는 개인차가 있고 완전히 성숙하려면 오랜 시간이 필요하다. 그 과정에서 개인차가 생기는 것인데, 퇴보하기 시작할 때도 마찬가지로 개인차가 생긴다.

당연히 선천적인 요인도 있겠지만, 현재 밝혀진 사실에 따르면 실제로 환경적 요인이 상당히 크다고 한다. 이 책을 읽고 있는 독자들에게는 '노력하면 어떻게 될지도 몰라'라는 희망과 '환경이 좋지 않으면 안 되는구나'라는 좌절을 동시에 심어 줄 수 있으니 민감한 문제일 수도 있겠다.

정의 중독

MRI를 찍어 봤을 때 전두전야의 피질이 두꺼워지고 성숙해지는 시기는 사람마다 차이가 있는데, 평균적으로 20대 후반에서 30세 정도다. 그 시기까지 백질이라 불리는 부분이 점점 크게 부풀어 두꺼워지는 것이다.

백질이란 축삭(신경 세포에서 튀어나온 돌기 모양의 신경 섬유)이 다발로 모여 있는 부분으로 '뇌의 배선'에 해당하는데, 갓 태어났을 때에는 피복이 벗겨진 전선처럼 아직 발달하지 못한 상태다. 성장하면서 그 축삭을 지방층이 감싸게 되고, 드러났던 전선이 피복된 것과 같은 상태가 된다. 피복이 되면 활동 전위(세포가 자극을 받았을 때 발생하는 전위의 변화)가 빠르게 전달된다.

전도 속도가 빨라지는 이유는 피질에 일정한 간격마다 쏙 들어간 부분(랑비에 결절)이 존재하여 그 부분을 활동 전위가 마치 징검다리 뛰듯 전도되기 때문이다. 이를 도약 전도Saltatory conduction라 부른다. 도약 전도가 일어나면, 전보다 50~100배 가까이 빠른 속도로 활동 전위가 전달된다. 이런 과정을 통해 뇌는 성숙한 상태가 된다. 축삭을 휘감고 있는 지방층을 수초Myelin sheath, 미엘린초라 부르며, 또 백질 주변에 지방층이 붙는 현상을 수초화 또는 미엘린화라 한다.

뇌는 수초화를 통해 성숙하는데, 수초화가 일어나는 시

기는 뇌의 부위에 따라 다르다. 비교적 빠른 시기에 일어나는 것은 운동피질의 뉴런으로, 신생아 때 이미 수초화가 일어난다고 한다.

반면에 전두전야는 사춘기 즈음 비로소 수초화가 시작될 정도로 그 시기가 매우 늦다. 빨라도 7세이고 늦으면 9세 정도부터 시작되는데, 시작이 늦다고 문제가 되는 것은 아니다. 오히려 늦게 시작하는 편이 수초화가 좀 더 활발하게 일어날 가능성이 있다고 한다.

전두전야의 수초화가 완성되는 시기는 25~30세 전후로, 뇌의 다른 부분의 발달 시기보다 늦은 편이다. 즉, 20대라면 대부분 발달 중이라고 보면 된다.

흔히 '젊은 혈기 탓이다'라고들 하는 것을 뇌과학적으로 바라보면, 전두전야가 완전히 성숙하지 않았기 때문에 억제가 잘 되지 않거나 위험을 생각 못하고 만용을 부리는 것이라 할 수 있다. 일반적으로는 경험이 부족하기 때문이라고 생각할 수도 있겠지만, 사실 뇌과학적으로 보면 전두전야가 성숙하지 않은 상태라서 상대에 대한 공감이 부족하고 억제가 힘들며 적절한 판단을 내리지 못하는 것이다.

전두전야의 수초화가 일어나면 백질이 두꺼워진 것처럼 보인다. 지방층이 신경 섬유를 둘러싸고 있기 때문이다.

전두전야의 수초화는 회백질(뉴런의 세포체들로 이루어진 부분)과 백질을 비교했을 때 상대적으로 회백질이 줄어들고 백질이 늘어난 듯 보이므로, 예전에는 나이가 들면서 뇌 기능이 저하된다고 보았다. 하지만 금세기에 들어 이러한 상식은 뒤집어졌고, 지금은 성숙한 전두전야의 요건으로 백질의 두께를 중시하게 되었다. 따라서 뇌의 성년이라 할 수 있는 30세 전후부터 백질의 두께를 어떻게 유지해 나가는지가 매우 중요하다.

뇌는 경험을 통해 진화한다

모든 생물의 유전적 성질의 진화는 몇 세대에 걸쳐 이루어지는데, 개개인의 성격과 사고방식 그리고 그 총체인 집단의 행동, 나아가 그 연장선상에 있는 여론과 사회 상식 등은 세대를 거치지 않아도 바꿀 수 있다.

이것은 전두전야가 가진 큰 장점 중 하나다. 타인과 주위의 영향을 받으면서 한 세대(한 인간의 일생)만에 행동을 변화시킬 수 있는 것이다. 최근 사례를 들자면, 일본 사회가 성소수자들을 조금씩 수용하기 시작하면서 나타나게 된 다양한 변화를 꼽을 수 있다.

인간의 뇌는 자기의 구조를 관찰하고 피드백을 얻어 스스로 변화해 나가는 기능이 있다. 즉, 뇌는 스스로가 어떻게 기능하는지를 높은 곳에서 내려다볼 수 있어, '난 이런 경향이 있으니까 앞으로는 이렇게 해야겠다'는 식의 수정이 가능하다. 이는 생존 전략상 매우 큰 이점이며, 우리는 이 기능이 뛰어난 사람을 '머리가 좋다'고 표현한다.

한편으로 이는 전두전야가 담당하는 기능이라 나이가 들수록 점점 쇠퇴하므로, 나이가 들면 행동을 바꾸기가 쉽지 않고 생각이 완고하면서 보수적으로 바뀌는 듯 보인다.

당연히 이 기능에도 개인차가 존재하는데, 기능이 무조건 뛰어날수록 좋은 것이냐고 묻는다면 조금 애매하다. 이 기능이 너무 뛰어나다 보면 과도하게 조정해서 더 복잡해질 수도 있기 때문이다. 어느 정도로 뛰어나야 적당한지는 답이 없다. 어떤 자질이라도 너무 과하면 인생이 고달파지는 듯하다.

늙지 않는 뇌와
늙는 뇌의 차이

타인을 용서하지 못해서 고민하는 사람들은 '용서'의 기반인 전두전야가 나이 들어감에 따라 위축되어 버린다는 사실에 실망했을지도 모르겠다. 하지만 유감스럽게도 이것은 사실이다. 뇌세포는 나이가 들면서 조금씩 죽어 간다. 고령이 되어도 전두전야의 신경 신생(신경 세포의 전 단계 세포인 신경 간세포가 신경 세포로 분화하는 것)은 일어나지만, 새로 만들어진 신경 세포는 수초화되지 않거나 신경 회로에 들어가지 못한 채 소멸되어 버린다.

다만 여기에도 개인차가 존재한다. 뇌도 어디까지나 몸의 일부이므로, 그 부위를 자주 사용하는 사람과 그렇지 않은 사람은 기능 면에서 차이가 날 수밖에 없다. 예를 들어, 무리하게 식단을 제한하거나 심한 스트레스를 받으면 뇌의 신경 세포 형성에도 영향을 미친다.

어떤 사람이든 젊은 나이에 형성된 전두전야의 기능을 언제까지고 최상의 상태로 유지하면서 사용할 수는 없다. 30대와 70대의 뇌 기능은 차이가 꽤 크다. 똑같은 처리를 하더라도 담당 신경 세포를 구성하는 물질이 소모품처럼 갈아 끼워지면서 전체적으로 감소되어 간다. 컨디션이 최상일 때의 뇌 기능을 노력으로 몇십 년이나 유지하기란 거의 불가능에 가깝다.

한편, '저 사람은 나이를 먹은 뒤 발언에 설득력이 더 생겼다'는 식의 말을 듣는 사람도 적지 않다. 이는 나이가 들면서 대부분 뇌가 늙기 마련인데, 상대적으로 뇌가 잘 늙지 않는 사람이 있고 개중에는 젊을 때보다 더 뛰어난 기능을 발휘하는 사람도 있음을 보여준다.

뇌를 늙지 않게 단련하는 뇌과학적 방법과 습관은 존재한다. 여기서는 일상생활 속에서 전두전야를 단련시키는 방법을 몇 가지 살펴보고자 한다.

늙지 않는 뇌를 만드는
생활습관

전두전야는 분석적 사고와 객관적 사고를 담당하는 곳이다. 이곳이 제대로 기능하면, 눈앞의 이해득실에 휘둘리지 않고 장기적으로 봤을 때 이득이 되는 선택을 할 수 있으며 사회경제적 지위도 높아진다는 사실이 밝혀졌다. 만약 자신이 충동을 억누르고 있거나 어쩔 수 없이 주변 상황에 맞추고 있는 상태란 생각이 든다면, 일단 전두전야가 제 기능을 하고 있다고 보면 된다.

전두전야가 퇴보하지 않은 사람은 평소에 '이게 상식이지' '당연히 그게 맞지' 등과 같은 고정화된 통념과 상식, 편견을 그대로 받아들이지 않고 늘 사실과 데이터를 근거로 합리적이고 객관적으로 사고한다.

일상적으로 합리적·객관적 사고를 하는 습관을 들이거나 그렇게 할 수밖에 없는 상황 속에 들어가 버리면, 전두전야가 단련되므로 퇴보를 늦출 수 있는 가능성이 생긴다.

전두전야의 기능이 유지되면 전두전야의 중요한 기능 중 하나인 '메타인지Metacognition'를 사용할 수 있다. 메타인지란 스스로를 객관적으로 인지하는 능력을 말한다. 좀 더 자세히 설명하면, '내가 ○○를 하고 있다는 걸 알고 있다' '내가 ○○한 기분이라는 걸 자각하고 있다'는 식이다. '내 상태는 지금 ○○한데 정말 이대로 괜찮을까?'라고 질문을 던질 수 있다는 것은 전두전야와 메타인지가 세 기능을 하기 때문이다. 항상 자신을 객관적으로 보는 습관을 들여 메타인지를 활성화하는 것이 곧 전두전야를 단련하는 방법이다.

전두전야를 단련하려면 늘 빡빡한 일정을 소화하며 바쁘

게 살기보다 자신을 돌아볼 여유를 갖는 것이 중요하다. 지금부터는 생활 속에서 어떠한 점을 주의하면 좋을지 살펴보자.

① 익숙한 것을 버리고 새로운 경험을 한다

새로운 경험이라고 하니 뭔가 거창하게 들릴지도 모르겠지만, 익숙한 것과는 다소 거리가 먼 선택을 해 보라는 말이다. 일상적으로 익숙해진 것들은 뇌에 신선한 자극을 주지 못하므로 전두전야뿐 아니라 뇌 자체의 활동 기회가 줄어들고 만다. 반면에 익숙하지 않은 것을 접하면 우리 뇌는 활발하게 움직인다. 일상생활에서 흔히 볼 수 있는 구체적인 상황을 몇 가지 꼽아 보았다.

평소와 다른 경로로 가기

출근 시 집에서 역까지 걸어갈 때, 근처 편의점에 갈 때 등과 같이 늘 가는 경로가 정해져 있는 경우에 일부러 다른 길로 가 보자.

경로는 대개 '최단거리라서' 또는 '나도 모르게 습관이 되어서' 등과 같이 별로 깊이 생각하지 않고 늘 가던 길을 선택하는 경우가 많기 때문에, 일부러 다른 선택을 해 보라는 것이다.

경로를 전부 변경하지 않더라도, 예를 들어 큰길에서 항상 오른쪽 인도로만 갔다면 이번에는 일부러 왼쪽 인도로 걸어 보자. 길을 건널 때 평소와 다른 횡단보도를 건너는 등 아주 사소한 변화라도 상관없다. 이러한 '평소와 다른 행동'이 전두전야의 활동을 촉진시킨다. 아마 지금까지 알지 못했던 새로운 시점에서 무언가를 발견했을 때의 기쁨도 맛볼 수 있을 것이다. 그것이 뇌에는 엄청난 보상이 된다.

단골 메뉴와 단골 가게 바꿔 보기

식사는 우리가 살면서 절대 빼놓을 수 없는 중요한 부분인데, 예를 들어 외식할 때 새로운 메뉴를 시켜 보거나 새로운 곳을 개척하는 등의 행동은 전두전야를 활성화시킨다. 장을 볼 때도 일부러 다른 마트로 가서 장을 보거나 평소에는 사지 않던 것을 사 보자. 의식적으로 익숙함과 거리가 먼 곳에 몸을 맡겨 보는 것이다.

평소와 다른 옷차림, 평소와 다른 여행지 등 적용해 볼 수 있는 비슷한 패턴은 무수히 많다. 평소 생활하면서 습관적으로 자주 하던 것들을 바꿔 보면 전두엽이 자극받는 빈도가 높아질 것이다.

② 불안정하고 혹독한 환경 속에 들어간다

특히 추천하고 싶은 방법은 일부러 불안정하거나 가혹한 환경 속에 들어가는 것이다. 어렵게 들릴지 모르겠지만, 사실 이렇게 하는 의미가 있다.

한때 전란과 혼란이 이어지면서 사회가 불안정해지고 가치관이 흔들리는 등 전두전야가 관장하는 기능을 활용하지 않으면 살아남기조차 어려운 시기가 있었다. 물론 그렇게까지 극단적인 상황을 선택할 필요는 없지만, 미지의 상황이나 예측 불가능한 사태에 대처하기 위해서는 지금껏 축적해 온 지식과 상식, 사회적 신용이나 지위만으로는 부족하며 새로운 정보의 수집, 과학적이고 객관적인 사고가 반드시 필요하다. 그런 상황을 잘 극복할 수만 있다면, 맨몸으로 시작해 부자가 되거나 새 사업을 벌여 성공하는 등 크게 비약할 수 있는 기회를 잡게 될지도 모른다.

반대로 안정된 사회는 시스템 유지를 가장 큰 목표로 두기 때문에, 안타깝게도 새로운 과학적 사고나 객관적 사고의 중요성은 상대적으로 떨어지게 된다. 개개인의 인생도 안정화를 지향하므로, 예를 들어 재벌이 하룻밤 만에 모든 재산을 날리거나 경제적으로 힘든 환경에서 자란 사람이 대역전극을 이루며 부유층이 되는 것 같은 파격적인 계급 이동도 줄어들 수밖에 없다. 스스로가 절실히 원하지 않는 한, 이른바 정해진 레일 위를 걸어가는 인생이 더욱 가치 있어 보이기 때문에 그런 인생을 선호하는 사람이 많아질 것이다. 이렇게 사회가 안정되면 자신이 속한 집단의 룰이 사회 전체의 룰이라는 착각이 일어난다. 다른 룰도 있음을 받아들이지 못하는 것이다.

경제적으로 유복한 환경에서 자랐고 학력도 높은 사람은 어릴 때부터 비슷한 수준의 사람들이 모이는 학교를 다니며 이른바 엘리트 코스를 차근차근 밟는다. 그런데 한편으로 금전적인 사정으로 진학을 포기하거나 중고등학교를 졸업하자마자 취업 전선에 뛰어들어야 하는 사람도 적지 않다.

두 부류는 '고졸은 쓸모가 없다' '대학은 놀러 가는 곳 아니냐' '도쿄대를 졸업한 엘리트 관료들이 일본을 좀먹고 있다' '밑바닥 인간들이랑 어울리기 싫다' 등과 같이 서로를 매도한다. 이는 결국 자신과 다른 집단, 경험한 적 없는 룰이나 다른 룰을 가진 집단을 이해하고 공감하는 것이 힘들기 때문에 벌어지는 혼란이다.

그럼 다른 계층 간에 서로의 룰을 너그럽게 인정하고 공감하는 것은 과연 가능할까? 일부러 사회 질서를 어지럽히려는 생각, 극단적으로 말해 현재의 사회를 일단 전부 무너뜨리고 제로 상태에서 다시 시스템을 재구축하려는 생각은 그다지 현실적이지 못하다.

대신 예로부터 자주 활용되던 방법이 있다. 바로 마을 공동체에서 행하던 축제다. 이때 공동체의 룰은 일시적으로 초기화되고 인간관계는 유동적(비록 그때 한때뿐이지만)으로 바뀐다. 그리고 공동체의 룰에서 해방된 사람들 사이에서 교류가 촉진되며 집단 편향을 극복한 공감이 가능해진다. 또 조금 더 평온하고 장기적인 형태로는 축복받은 환경을 '관용을 베풀 의무가 부여된 것'이라고 보는 방법이 있다. 유럽의 전통적인 노블리스 오블리주Noblesse oblige(신분이 높은 자는 그에 상응하는 책임과 의무가 있다는 도덕관)가 이에 해당한다.

상류 계급의 사람들이 후계자를 양성할 때 수련의 의미에서 전혀 다른 환경을 경험하도록 하는 것이 그 전형적인 예다. 만약 사업가 집안의 후계자라면 장사의 기본과 함께 종업원과 고객의 심리를 알아야 한다. 하지만 유복한 가정에서 과잉보호를 받으며 자라다 보면 다른 계층의 사람을 접할 기회가 별로 없다. 그래서 일부러 집에서 내보내 다른 환경을 경험하게 하는 것이다. 혹독한 환경을 경험하고 나면 메타인지 능력이 더욱 발달하기 때문이다.

한편 의도하지 않았지만 결과적으로 그렇게 된 사람도 있다. 유소년기부터 여러 가문에 인질로 잡혀 가혹한 삶을 산 도쿠가와 이에야스와 아쉽게도 다양한 가치관을 접할 기회가 없었던 도요토미 히데요시의 정치 능력이 차이를 보이는 것은 어찌 보면 당연하다.

이와 비슷한 예로, 세습형 기업의 자녀가 회사를 물려받기 전에 다른 기업에서 일해 보는 모습은 지금도 종종 볼 수 있다.

또 마인드풀니스도 비슷한 효과가 있다. 마인드풀니스를 실천해 자신을 되돌아볼 수 있으며, 이를 제대로 의식하고 관찰하는 것은 메타인지로 이어지기 때문이다. 평소 생활로는 단련하기 힘든 자신의 멘탈을 다시 살펴보는 일종의 우회로라고 할 수 있다.

앞서 소개한 '평소 가지 않던 길로 가 보는 방법'과 '혹독한 환경에 몸을 맡기는 방법'을 조합해 보면, 계획 없이 혼자 여행을 떠나 보는 것도 좋을 듯하다. 발길 닿는 대로, 하나하나 스스로 결정해야 하는 여행을 하다 보면 반드시 예측하지 못한 상황을 맞닥뜨리게 된다. 그리고 그런 상황을 어떻게든 해결하기 위해서 전두전야를 비롯해 뇌 전체를 활성화시키는 움직임이 일어난다. 물론 최대한 안전에 유의해야 하는 것은 기본이다. 아무튼 예상치 못한 사태를 극복했을 때 적잖은 뿌듯함을 느끼는 것은 뇌가 새로운 성공 체험을 통해 얻은 기쁨 때문이다.

'절대 읽지 않을 책'이나 '관심 없는 책' 고르기

우리는 책을 통해 다른 환경을 간접적으로 체험할 수 있다. 가장 효과적인 방법은 평소라면 '절대 읽지 않을 책'이나 '관심 없는 책'을 고르는 것이다. 가능한 한 자신과 처지나 생각이 다른 저자의 책이나 지금껏 관심이 없었던 장르의 책을 일부러 선택하자.

책을 고를 때는 업무나 공부 등에 필요한 경우가 아닌 한 좋아하는 작가의 작품이나 관심 있던 장르의 책에만 손이 가기 마련이다. 도서 판매 사이트를 봐도 '추천 도서'로 표시되는 것은 일찍이 읽은 적이 있는 저자의 작품이나 똑같은 책을 구매한 이용자, 즉 비슷한 취향을 가진 사람들이 구

정의 중독

매한 책뿐이다.

그렇기 때문에 '평소였다면 절대 읽지 않을 것 같은 책'을 일부러 펼쳐 보라는 것이다. 처음에는 대강 훑어보기만 해도 충분하다. 다른 성별, 다른 경력, 전혀 관심 없던 장르나 주제, 그리고 '이 저자가 하는 말은 별로인데'라는 생각이 드는 책을 일부러 골라 보자.

일본의 교육기업 베네세코퍼레이션의 사외이사인 후쿠타케 히데아키 씨는 비행기로 장거리를 이동할 때면 일부러 평소엔 절대 보지 않는 장르의 영화를 고르고, 서점에서는 평소라면 고르지 않았을 책을 일부러 사서 읽는다고 한다. 나름의 생각이 있기 때문에 한 행동이겠지만, 이런 습관을 뇌과학적으로 해석하면 고정화된 개념이나 사회 통념을 가볍게 뛰어넘는 유연한 공감 능력을 키우기 위한 훈련으로 보인다.

이렇게 생각하면, 책은 그야말로 유용한 도구다. 책 내용을 저자에게 직접 들으려면 일단 저자를 만나기 위한 노력부터 시작해야 하므로 비용과 시간이 만만치 않게 든다. 세다가 이미 저자가 세상을 떠난 뒤라면 만남 자체가 불가능하다. 하지만 책이란 매체는 그런 장애물을 가볍게 뛰어넘어 저자의 사상을 깊은 곳까지 들여다볼 수 있고, 아무리 읽어도 도저히 와 닿지가 않는다 싶을 땐 그냥 중간에 덮어 버리면 그만이다. 상대를 직접 만나는 것이 아니니 기분을 상하게 할 일도 없다.

호주 국립대학교와 미국 네바다대학교의 연구자들이 2011년에서 2015년까지 5년간 세계 31개국 및 지역 25~65세의 성인 16만 명을 대상으로 조사한 '국제성인역량조사'의 데이터를 분석한 결과, 읽고 쓰는 능력과 수학 성적은 16세 즈음 집에 책이 얼마나 있었느냐와 상관관계가 있다고 한다. 어떻게 이러한 결과가 나왔는지는 밝혀지지 않았지만, 현재로선 부모를 비롯한 가족들이 사용하는 단어가 풍부하고 항상 다양한 가치관을 접하며 자라는 것이 아이의 지능 발달과 깊은 관련이 있다고 보고 있다.

이를 뇌과학적으로 생각하면, 책이 많은 집에서 자라는 것과 후계자를 일부러 다른 환경에 밀어 넣어 훈련시키는 것은 공통점이 있는 듯하다. 자기 부모의 사고만을 접하며 자란 아이와 다른 어른들과도 깊은 관계를 맺으며 자란 아이는 (좋든 나쁘든) 성격 형성에 차이를 보인다. 이와 비슷하게, 수많은 책이 빽빽하게 꽂혀 있는 집에서 자라면서 그중 몇 권을 읽고 '세상에는 정말 다양한 생각이 존재한다'는 사실을 일찍이 깨달은 아이가 그렇지 않은 아이보다 두뇌 발달 시기를 좀 더 의미 있게 보낸 것이라 볼 수 있다.

인터넷에서 지적 편식을 하지 않으려면

책을 사는 것보다 비용이 적게 들고 간단한 방법은 인터넷에서 정보를 얻는 것이다.

앞서도 말했듯이, 인터넷 보급과 인터넷 의존성은 정의 중독을 널리 확산시켰다. 또 당신의 취향과 생각은 '어떤 키워드를 검색했느냐' '어떤 기사를 클릭했느냐' '어떤 사이트를 열람했느냐'를 보면 꽤 정확하게 파악할 수 있다. 그리고 그 데이터는 타기팅 광고의 자료로 사용된다.

광고 기법으로는 매우 효율적이지만 안타깝게도 단점이 있다. 이용자가 좋아할 만한 정보만 표시되기 때문에 폐쇄적인 가상 환경에 놓인 것과 다를 바 없는 상태이므로, 자신의 관심사와 거리가 먼 의견이나 정보를 접할 기회가 줄어들고 타인에 대한 공감과 이해가 점점 힘들어진다는 점이다.

개인적으로는 내가 어떻게 인터넷을 이용하고 있고 무엇을 좋아하는지 다 안다는 듯 비슷한 정보만 계속 뜨는 것이 썩 유쾌하진 않다.

난 그래서 일부러 관심 없는 키워드를 검색해 보거나 평소에는 보지 않는 뉴스 기사를 적극적으로 열람해 본다. 평소의 자신과 전혀 다른 페르소나를 설정해 정보를 검색하는 것도 좋다. 아이가 없어도 육아나 어린이집 관련 문제를 검색해 보고, 가 본 적도 없고 관심도 없는 국가 및 지역에서 화제가 되는 이슈를 찾아보고, 살 마음이 없는 부동산이나 반려동물의 정보를 검색해 보는 것이다. 또 자신과 대립 관계에 있는 사람의 성장 배경이나 가치관 형성 배경을 알아보는 것도 좋다.

그렇게 자신의 속성과는 거리가 먼 사람의 가치관, 고민, 관심사 등을 검색해 인터넷에서 추천하는 것과는 전혀 관계없는 정보를 접해 보자. 그렇게 하면 지적 편식도 예방할 수 있고, 경우에 따라서는 상상하지 못한 새로운 세상과 지식을 접하면서 유익한 사고 패턴을 학습할 수도 있을 것이다.

인터넷은 결국 도구에 지나지 않는다. 지적 편식을 악화시킬지 예방을 위해 사용할지는 사용자의 의식이 어떠하냐에 따라 달라진다.

③ 안이하게 범주를 설정하거나 낙인찍지 마라

어떠한 사실을 접했을 때 '아, A는 ○○하니까' '알고 있어, B는 ××잖아?'라는 식으로 쉽게 범주화하는 사람을 발견하거든 조심해야 한다.

3장에서 자신들과는 다른 사람들을 하나로 묶어 생각하는 것이 비용 대비 효과가 좋다는 이야기를 한 적이 있다. 낙인을 찍어 정보를 한꺼번에 처리할 수 있다면 집단 밖의 사람들에 대해 전두전야를 일절 가동시킬 필요가 없으므로 뇌가 쓸데없는 에너지 소모를 할 필요가 없다는 것이다. 단, 안이하게 범주를 설정하거나 다른 사안과 결부시켜 이해하면 쓸데없는 생각은 안 해도 되니 편하겠지만, 그만큼 전두전야를 활성화시킬 소중한 기회를 잃어버리는 셈이기도 하다.

이러한 안이한 도피에 빠질 위험이 있음을 인식하고, 낙인찍는 행위를 편하게만 인식하는 것 이면에는 뇌의 취약성이 있다는 점을 아는 것이 중요하다.

④ 여유를 소중히 여겨라

전두전야를 활성화시키기 위해서는 여유가 필요하다.

'내 머리로 생각한다'라는 말은 '전두전야를 활성화시킨다'는 말과 같다고 보면 되는데, 그러기 위해서는 다른 영역에 그만큼 자원을 배분하지 않아도 되는 상태, 즉 뇌에 여유가 있는 상태를 유지해야 한다.

수면이 부족하거나 업무 또는 인간관계의 문제로 궁지에 몰렸을 때, 마감이 코앞에 닥쳤을 때는 전두전야가 제대로 기능하지 않는다. 지금 눈앞에 놓인 시급한 문제를 그냥 내버려 두고 새로운 것을 받아들이거나 생각할 때가 아니기 때문이다.

지금까지 살펴본 전두전야 단련법이 별로 마음에 들지 않는다면, '자신의 머리로 생각하는' 일에 자원을 배분할 여유가 없는 본인의 상황을 재점검해 보는 것이 먼저일 듯하다.

예를 들어 지금까지 입어 본 적 없는 스타일의 옷을 입어봐야겠다는 마음이 든다면, 그건 언제일까? 아마도 수면 부족으로 인해 아침에 겨우겨우 일어나는 그런 때는 아닐 것이다. 또한 심각한 문제로 한참 고민 중일 때에도 당연히 그런 생각이 들지 않는다.

정의 중독

우리는 쓸데없는 일에 뇌를 사용할 여유가 없을 때 자신에게 익숙한 현상유지적 행동을 선택한다. 중요한 프리젠테이션을 앞두고 긴장이 될 때는 얼마 전에 오픈해서 맛을 알 수 없는 라멘집에 갈까 고민하기보다는 늘 가던 가정식 식당을 선택할 것이다. 이러한 행동은 사실 뇌의 작용에 근거한 합리적인 선택이다.

아무 생각 없이 매일 같은 선택을 반복하는 것이 편하고 합리적이긴 하나, 변화가 적은 삶을 살다 보면 뇌는 퇴보하고 만다. 일이나 생활에 쫓겨 바쁜 사람도 많을 텐데, 뇌를 생각한다면 조금이라도 전두전야를 활성화시킬 수 있게 여유를 갖는 것이 중요하다.

출근 시간 단축하기

전두전야를 활성화하기 위해 '뇌의 여유'를 최우선으로 생각한다면, 일반적으로 인내심이 필요하다고 여기는 일은 가능한 한 피하는 게 좋다는 연구 결과가 있다.

경제학자인 브루노 프라이Bruno S. Frey 박사가 2004년에 발표한 연구에 의하면, 만원 전철을 장시간 타는 사람보다 타지 않는 사람의 업무 효율이 더 좋다(긴 출퇴근 시간의 단점은 인생의 행복도에 지대한 악영향을 미친다)고 한다. 그 밖에도 영국

서잉글랜드대학교가 실시한 연구에 따르면, 전체적인 생활 만족도에는 해당하지 않지만 출근 시간이 1분 늘어날 때마다 업무와 사생활 두 측면의 만족도가 모두 떨어지며 스트레스가 심해지고 정신 건강이 악화된다고 한다. 이러한 연구들은 뇌의 여유가 전두전야를 활성화시킬 뿐 아니라 행복도에도 지대한 영향을 줄 수 있다는 점을 시사한다.

식습관과 수면습관도 중요하다

식습관 및 생활습관 개선은 전두전야를 활성화시키는 데에 매우 중요하다.

여기서는 식사 및 수면과 관련하여 바로 실천할 수 있는 방법을 살펴보고자 한다.

① 뇌 건강에 좋은 오메가3지방산

원칙적으로 뇌 건강을 위해서는 '골고루 균형 잡힌 식사'

를 해야 하는데, 특히 전두전야의 기능을 최대한 유지하려
면 오메가3지방산(불포화지방산)을 적극 섭취해야 한다.

왜냐하면 오메가3지방산은 앞서 설명한 수초화(미엘린화)
가 이루어질 때 신경 세포를 감싸는 수초의 원료가 되기 때
문이다.

오메가3지방산은 몇 년 전부터 유행이었기 때문에 평소
에 꾸준히 섭취하는 사람도 많으리라 생각한다. 하지만 오
메가3가 정확히 무엇인지는 모르는 사람이 많을 것이다.

조금 자세히 설명하자면, 지방은 글리세린과 지방산으로
이루어져 있고 글리세린 하나에 지방산이 세 개가 결합한
다. 지방이 인간의 체내에서 에너지원으로 쓰일 때 이 결합
은 효소에 의해 끊어져 지방산과 글리세린으로 분리되는데,
이때 유리된 지방산을 유리지방산이라 부른다.

유리지방산에는 여러 종류가 있는데, 탄소가 이중으로
결합한 부분이 있는 지방산을 불포화지방산이라 한다. 이중
탄소 사슬의 가장 끝(오메가)에서부터 세 번째에 위치한 탄
소가 이중결합한 것이 미엘린의 원료가 된다. 즉, 오메사에
서부터 세 번째 위치에 불포화가 존재하는 지방산이라 '오
메가3지방산'이라 총칭하는 것이다.

오메가3지방산 중 널리 알려진 것이 DHA(도코사헥사엔산)

과 EPA(에이코사펜타엔산)다.

미국 국립보건연구원(NIH)의 조지프 히벨른Joseph Hibbeln 박사의 논문을 보면, 생선을 많이 먹으면 우울증 발병률이 낮고 적게 먹으면 발병률이 높다는 내용이 나온다.

오메가3지방산은 연어, 송어, 참치, 정어리, 방어, 고등어, 꽁치 등 등푸른 생선의 기름에 많이 함유되어 있고, 그 밖에 굴 등의 조개류, 호두 등의 견과류, 그리고 참기름과 아마씨 유 등에도 함유되어 있으니 이러한 식재료들을 의식적으로 식단에 포함시키자.

② 수면 부족을 피하고 틈날 때마다 낮잠을 잔다

적절한 수면 시간과 수면 패턴에는 개인차가 있으므로 수면 시간에 너무 집착할 필요는 없지만, 수면 부족은 일시적이든 습관적이든 뇌에 좋지 않다.

행동적인 부분에서도 수면이 부족하면 자제력이 약해져 특정 파트너 외의 다른 사람과의 성행위가 늘어난다는 사실이 밝혀졌다. 또 생리적인 부분에서는 사고력, 기억력, 학습능력의 저하를 초래했다. 그 이유는 수면이 부족하면 스파인Spine(신경세포에서 시냅스 결합을 형성하는 기점이 되는 가시돌기)이 비대해져 시냅스가 형성되기 힘들어지기 때문이다. 또 장기 증강Long-term potentiation(시냅스에서의 신호 전달 효율이 지속적으로 높아지는 것)도 일어나기 어렵다. 즉, 새로 무언가를 배우기가 힘들어진다.

가끔 너무 바빠서 수면이 부족한 날도 있고 만성적으로 여유가 없고 늘 수면 부족인 경우도 있는데, 뇌에는 둘 다 좋지 않다. 동물 실험 결과 쥐를 하루 동안 재우지 않은 것만으로도 시냅스의 장기 증강이 잘 일어나지 않았는데, 이틀을 재우지 않았더니 그보다 더 심해졌다는 사실이 밝혀진 바 있다.

여러 연구에 따르면 부족한 수면을 보충하기 위해서는 아주 잠깐이라도 좋으니 휴식을 취하거나 낮잠을 자는 것이 중요하다고 한다. 바빠서 도저히 충분한 수면을 취할 수 없다면 자투리 시간을 활용해 잠시라도 잠을 청하는 것이 좋다.

"나이가 들면서 잠을 푹 못 잔다"는 하소연을 하는 이들이 많다. 깊은 잠을 못 자고, 아침 일찍 눈이 떠지며, 수면 시간이 짧아지는 경우다. 이는 나이가 들면서 생겨나는 자연스러운 생리 현상이므로 너무 비관할 필요는 없다.

졸음이 오는 이유는 수면호르몬인 멜라토닌 때문이다. 멜라토닌은 뇌의 물질인 세로토닌의 유도체다. 20대 때는 체내에서 멜라토닌을 분해하는 기능이 약하기 때문에 잠을 오래 잘 수 있고 아침에 일어나기가 힘든 데 반해, 나이가 들면 빠르게 멜라토닌을 분해하므로 젊을 때보다 더 잠들기 힘든 것이다.

나이가 들면서 점점 잠들기가 힘든 느낌이 든다면, 멜라토닌의 전 단계 물질인 세로토닌의 양을 늘리는 것도 좋은 방법 중 하나다. 세로토닌은 평소 식사를 통해 섭취한 필수 아미노산인 트립토판을 원료로 하여 체내에서 합성된다. 세로토닌이 부족하면 당연히 멜라토닌도 부족할 수밖에 없다. 멜라토닌의 양이 적으면 빨리 분해되어 버리기 때문에 체내에 남아 있는 양이 줄어들어 잠이 오지 않는데, 그렇다면 그 전구체인 세로토닌을 늘리면 된다.

세로토닌의 양을 늘리려면 가능한 한 햇빛을 쐬어야 한다. 하루 동안 가벼운 운동과 산책을 하는 습관을 들이면 좋겠지만, 여의치 않으면 아침에 일어났을 때 바로 창을 열고 햇빛을 쐬는 습관을 들이자. 그러면 수면의 질을 개선할 수 있다.

정의 중독을 극복하는 열쇠, 메타인지

이 책을 마무리하면서, 정의 중독을 극복하고 타인을 용서하는 법과 관련하여 몇 가지 힌트를 살펴볼까 한다. 이것은 '타인을 용서하지 못하는 나'를 스스로 해방시키는 첫걸음이기도 하다.

우선 그 전제로 타인을 용서하지 못하는 것, 타인이나 상대를 바보 취급하는 것, 그리고 타인의 어리석음은 결국 인간이기에 어쩔 수 없는 일이라는 것을 인정해야 한다.

훈련이나 사고방식의 변화 등을 통해 일시적으로 정의 중독 상태에서 벗어난다 하더라도, 심신의 피로 또는 누군가의 영향 등을 계기로 순식간에 원래대로 돌아가 버릴 가능성이 있다는 점도 잊어서는 안 된다.

정의 중독에 빠지지 않는 비결은 앞서 설명했던 메타인지다. 항상 스스로를 객관적으로 보는 습관을 들이는 것이다. 메타인지 능력이 없는 사람은 타인에게 공감하거나 타인의 입장에서 사안을 바라보는 것이 불가능하다. 동시에 자신이 현재 어떠한 상황에 있는지도 제대로 파악하지 못한다.

지금 이 책을 읽고 있는 사람들은 자신에게도 이런 문제가 있다고 느꼈기 때문에 이런 책에 끌린 것이 아닐까 싶다. '지금 난 정의 중독에 빠진 건지도 몰라'라는 생각이 들 때는 일단 메타인지 능력에 대해 살펴보는 것부터 시작해보자.

좋은 만남이 메타인지 능력을 키운다

메타인지 능력은 물론 유전적인 영향도 있지만 사실 그보다 더 크게 영향을 미치는 요소가 있다. 바로 환경적 요인이다. 이 능력은 초등학교 저학년 즈음부터 서서히 길러지기 시작해 서른 정도가 되면 완성된다. 즉, 이것은 전두전야의 발달과 일치한다. 메타인지 능력이 완성되는 30세 즈음까지는 계속 주위 환경의 영향을 받는다. 인생에서 젊은 시절, 특히 20대 시기에 만난 사람, 존경했던 사람의 영향이 큰 것은 바로 이러한 이유 때문이며 젊을 때 메타인지 능력이 뛰어난 사람을 만나면 아주 도움이 된다.

메타인지 능력은 한번 생기면 어지간한 충격이나 인생을

좌우할 큰 사건을 겪지 않는 한 갑자기 변하지는 않는다. 메타인지 능력이 뛰어난 사람은 인생에서 좋은 영향을 주는 인간관계를 많이 경험한 것이라 볼 수 있다. 아이들의 메타인지 능력을 키우기 위해서는 유소년기부터 30세 즈음까지 어떤 사람을 만나 어떤 영향을 받는지가 매우 중요하다.

자신에게도, 타인에게도 일관성을 요구하지 않는다

정의 중독의 대상은 타인이다. 누군가에게 자신의 정의를 주장하거나 강요하는 것은 결국 누군가를 구속하는 행위와 다를 바가 없다.

물론 경우에 따라서는 그것이 적절하다고 생각되는 경우도 있을 것이다. 상대에게 명확한 잘못이 있다거나 자신이 책임지고 대처해야 하는 경우, 감독 책임이나 지도 책임이란 이름 아래 종종 정당화되기도 한다.

하지만 때로는 그것이 권력형 갑질의 온상이 되기도 한다. 상사나 선배의 입장에서 경험이 부족한 부하 직원이나 신입 사원을 보면, '왜 시키는 대로 하지 않는 거지?' '내가 신입일 땐 저거보단 잘했는데' 하고 속이 터질지도 모른다. 만약 상대를 위해 가르쳐 주려던 의도였더라도 '난 옳고 넌 틀렸어'라는 사고 회로에 갇히면 그것이 바로 정의 중독 상태이며, 상대방 입장에서 봤을 때 권력형 갑질 그 이상도 이하도 아니다. 이는 SNS 등에서 나타나는 정의 중독 양상과 비슷하다.

평면적인 관계로 보이는 SNS상의 인맥, 인터넷상의 모르는 사람에게까지 자신의 생각, 즉 '나라면 쉽게 할 수 있는 것' '내가 이미 알고 있는 것' '내가 잘하거나 잘할 수 있는 것'에다 경험에 근거한 본인만의 정의를 끼워 맞추고 벗어나지 않도록 강요하는 것 말이다.

친해진 지 얼마 안 된 시기에는 같은 생각과 같은 정의를 공유했지만 어느 날 갑자기 의견이나 가치관, 흥미나 관심사에 차이가 있음을 발견할 때가 있다. 사랑이 미움으로 변하면 미운 감정이 더욱 심해지듯이, 이렇게 되면 일종의 배신감이 들면서 '용서할 수 없는' 마음이 한층 증폭되어 강한 어조로 공격하기 시작한다. 회사 내의 인간관계와 다른 점은 서로 책임이 없는 사이라는 것, 현실 세계에서의 관계가 아니라는 것뿐이다.

처음부터 타인, 그리고 스스로에게까지 일관성을 요구하

기란 불가능하다. 인간인 이상 언행에 모순이 있는 것은 당연하며 과거에 한 발언과 행동은 얼마든지 번복할 수 있다. 지금 이 순간에는 절대적인 진실처럼 보이는 것도 시간이 지나면 잘못됐음을 깨달을 날이 올지 모른다. 지금은 그 누구보다 가장 잘 맞는 친구지만, 한 달 뒤에는 더 잘 맞는 친구가 생겨 멀어질지도 모르는 일이다.

이렇듯 믿는 도끼에 발등 찍히는 느낌 때문에 다툼이 벌어지기도 하는데, 이를 피할 수 있는 가장 좋은 방법은 처음부터 타인에게 '일관성'을 요구하지 않는 것이다.

그 예는 '연예인○○○, 불륜!'이라는 스캔들 기사가 터졌을 때 사람들의 반응을 보면 알 수 있다.

불륜이 주는 충격은 그 연예인의 이미지가 불륜과 거리가 멀면 멀수록 심하며 비난도 강해진다. 흔히들 '청순한 이미지로 봤는데' '그렇게 화목해 보이더니'라고 말하며 비난한다.

하지만 원래 성실함, 착실함, 청초함, 자식바보, 잉꼬부부, 친근함, 고학력, 우등생 등의 이미지는 미디어를 통해 만들어진 것에 불과하다. 사람들은 그 연예인을 실제로 만난 적도 없으면서, 실제로 어떤 사람인지 알지도 못하면서 그 이미지를 믿는다. 그리고 진실이 무엇인지도 모르면서 마치

보도된 기사가 진실인 양 받아들인다. 또한 만난 적도 없는 타인에게 자신의 일관성을 적용해 '그런 사람인 줄 몰랐다' '속았다'며 분노를 표출한다.

일단 이렇게 표적이 되어 버리면 다른 가십거리가 나올 때까지 정의 중독자들의 먹잇감이 되어 난도질을 당한다.

생각해 보면, 연예인의 이미지는 일종의 '상품'이므로 실제 인간성과는 얼마든지 다를 수 있다. 연예인으로서의 대외적인 이미지와 개인으로서의 사생활은 별개다. 그리고 자신과 전혀 관계없는 타인의 인생이므로, 자신에게 직접적인 피해가 미치지 않는 한 설령 그 사람이 무슨 짓을 했든 가르치려 들거나 비난해선 안 된다.

난 개인적으로 범죄 행위가 아닌 한 '어찌 되든 상관없는 일'로 본다. 그 연예인을 오랫동안 응원해 온 팬들이 충격받는 것은 이해할 수 있지만, 좋아하지도 않았고(오히려 싫어했을 것이다) 팬도 아닌 사람들이 증오심을 표출하는 것은 정의 중독으로 보아야 한다.

비난받는 그 사건에 사회에 도움이 될 이슈가 들어 있다면 사회적 논의가 이루어지겠지만, 개인을 공격하여 찰나의 통쾌함을 얻는 것이 전부라면 아무것도 바뀌지 않는다. 대부분 그 순간이 지나고 보면 아무것도 아닌 일이다. 시간이

지났을 때 그 일이 '아무것도 아니다'라고 느껴질 것 같으면 타인에게 일관성을 요구하지 말아야 한다. 그것이 바로 적절한 거리감이 아닐까?

대립이 아니라 병렬적으로 생각한다

정의 중독에서 벗어날 수 있는 마지막 방법은 모든 대립축에서 벗어나 무슨 일이든 병렬적으로 처리하는 것이다. 나 역시 잘 아는 것은 아니지만, 이 책에서 지금껏 다룬 정의 중독 증상과 다양한 나라별 차이를 생각해 보면 문제 해결의 힌트를 발견할 수 있다.

핵심은 바로 정답이 없음을 받아들이고 가능한 한 많은 사람과 공유하며 서로 포용하는 것이다.

독일과 프랑스, 한국과 일본, 동양과 서양, 종교A와 종교B, 민주당과 공화당, 우익과 좌익, 남자와 여자 사이도 그렇지만, 서로 다른 사람들이 둘 이상 모이면 대립축은 얼마든지 생길 수 있다. 그리고 그 안에서 복수의 그룹에 속하는 것 또한 가능하다.

저마다 관점과 지식이 다르므로 대립하고 논의가 벌어지는 것이다. 그 자체는 건전하다. 하지만 여기서 정의 중독에 빠지게 되면, 어느 한쪽이 잘못했다고 목소리를 높이면서 사력을 다해 끊임없이 상대를 공격하게 된다. 그러한 살벌한 구도를 유지하면서 100년 이상 간헐적으로 전쟁을 벌인 경우도 있다.

불교는 아주 오래 전에 등장한 종교인데도 지금까지 그 명맥을 잘 유지하고 있다. 그 배경을 고찰해 보면, 개인 차원의 교양과 수양에 그치지 않고 해결책이 없는 듯한 문제를 인간으로서 어떻게 마주하면 좋을지 그 힌트를 구하려는 사람이 많아서가 아닐까 싶다.

답이 뭔지 알쏭달쏭한 질문을 주고받는 것을 '선문답 같다'고 이야기한다. 선문답은 불교에서 진리를 깨친 스님들이 던진 '공안公案'이라 불리는 문답에서 시작되었다. 공안은 정해진 답이 없는 화두를 던지고 사고를 거듭해 문답하는 것인데, 일부러 결론내기 힘들거나 처음부터 결론 따위 낼 수 없는 물음을 던져서 서로 답을 구하며 논쟁을 벌이게 만드는 듯하다. 정답보다는 거기까지 도달하는 사고 과정과 서로를 포용하는 것에 진정한 가치가 있음을 보여 주는 것이다.

정의 중독

가히 SNS 전성기라 말할 수 있는 현대 사회에서는 모든 일을 한눈에 들어오는 짧은 문구로 표현하고 어떻게 하면 임팩트를 줄 수 있는지에만 골몰하고 있다. 하지만 언뜻 보기에 결론이 없고 제자리걸음인 문답 자체에 정의 중독을 해결할 진정한 해법이 있다.

'저 인간은 바보다' '저 인간 미쳤나 봐'라고 느낄 때의 그 '저 인간'에게도 인격과 감정, 생각이 존재한다. 자신과 다른 그 무언가를 바로 부정하지 말고 일단 받아들인 뒤 포용해 보자. 상대의 발언을 평가하고 부정하기 전에 왜 상대가 그런 말을 했는지, 거기에서 그동안 생각하지 못했던 것을 발견할 수 있지 않을까 생각해 보는 것이다. 그렇게 하면 새롭고 긍정적인 무언가를 얻을 수 있을지도 모른다.

한번 그 감각을 느끼고 나면 '내가 정의다'라는 생각은 더 이상 하기 힘들 것이다. 난 그것이 바로 지성의 빛이라 생각한다.

인간은 불완전한 존재이며, 완벽해지기란 영원히 불가능하다. 그렇게 생각하는 섯이 스스로 징의 중독에서 벗어나는 길이 아닐까?

답이 없는 것을
끊임없이 사고하는 기쁨

정답이 없으니
생각을 멈추지 말라

"나카노 씨의 책에는 해결법이 나와 있지 않네요."

칼럼니스트이자 라디오 방송 진행자인 제인 수Jane Su 씨
가 내게 이런 말을 한 적이 있다. 정확한 지적이다. 이 책 역
시 마찬가지다. 어쩌면 이 책을 고른 독자들 중에는 "그래서
어쩌라고?" "해결책이 뭔데?"라며 화내는 사람이 있을지도
모르겠다.

모든 사람에게 적용할 수 있는 정의 중독 치료법, 타인을
용서하는 방법 따위는 존재하지 않는다. 만약 있다면 '인류
가 멸망해서 사라지는 것'이 유일한 해결법 아닐까?

일반적인 해결법은 없다. 하지만 난 그것도 나쁘지 않다고 생각한다.

나는 과학에 기반해 활동하는 사람이지만, 한편으로 내가 동양인이라는 사실을 분명하게 자각하고 있다.

과거에 국학자인 히라타 아쓰타네가 《법화경》을 두고 '달 필이긴 하나 정작 중요한 환약이 없다(글만 잘 썼지 내용이 없다)'고 말했다는 일화는 유명하다. 확실히 내 눈에도 내용이 없어 보였다. 비유가 끊임없이 나오고 인간 혹은 생명이란 존재 그 자체를 찬미할 뿐, 무엇을 어떻게 하면 좋은가에 대한 가르침은 마지막까지 찾아볼 수 없다.

내 책을 법화경에 비유하는 것은 무리가 있겠지만, 내가 이 책을 통해 전하고 싶은 말은 '정해진 답은 없지만, 결국 사람이 좋고 생각하는 일은 즐겁다'는 것이다. 내가 말하고 싶은 것은 단지 그뿐이다.

그것을 수많은 사람이 공감하고 공유하는 순간이 바로 정의 중독에서 벗어나 타인을 용서할 수 있는 그때가 아닐까 생각한다. 그 순간이 오면, 지금껏 바보처럼 보였던 것들은 모두 다양성의 일부가 될 것이다.

사실 내가 정답을 알려준다면(애초에 정답이란 존재하지도 않지만), 당신이 답을 구하는 과정에서 느끼게 될 기쁨을 내가 뺏는 셈이 될지도 모른다.

대립은 노력과
진보에서 생긴다

아마 앞으로도 우리는 확실한 해결책 없이 때로는 정의 중독에 빠지고 때로는 거기에서 벗어나며 오랜 시간에 걸쳐 생각하고 또 생각할 것이다.

그러는 과정에서 사고하는 방법 등이 점점 달라진다 해도 상관없다. 기존의 사고방식과 정의에 얽매일 필요는 없으며, 논의의 형태가 변하는 것은 당연하기 때문이다.

장기적인 관점에서 보면 결국 대립도, 대립을 극복하는 것도, 이미 해소된 듯 보였던 대립이 다시 일어나는 것도 모두 노력과 진보의 형태에 지나지 않는다고 할 수 있지 않을까?

일본은 전쟁에서 손을 뗀 지 오래다. 그 배경에는 다양한 요인이 있는데, 그중에서도 전쟁을 회피하기 위해 사람들이 여러 방면에서 적극 힘써 왔음을 꼽을 수 있다.

궁극의 정의 중독이자 경쟁의 최종 형태인 전쟁이 최근

수십 년간 일본에서 일어나지 않았다는 사실은 큰 의미가 있다. 그러나 경쟁이나 정의 중독 그 자체가 없어진 것은 아니다.

직접적인 폭력으로 응수하는 일은 없어졌지만 외교 경쟁, 기술 경쟁, 자본 경쟁은 지금도 여전히 현재 진행형이기 때문이다. 생각해 보면 컴퓨터나 인터넷은 냉전시대의 경쟁의 산물이며, SNS를 만들어 냈고 현재 정의 중독을 증폭시키고 있다.

과연 이것은 잘못된 것일까? 만약 모든 사람이 충분히 만족하며 다툼도 경쟁도 없는 평범한 하루하루를 보낸다면 인간은 오히려 퇴화되리라 생각한다. 전혀 대립이 없는 평화로운 상태가 결과적으로 인류의 진화를 막는다면, 어느 정도의 대립은 인간에게 필요할지도 모르겠다.

시험 점수와 수입, SNS에서의 공격성을 경쟁하는 것은, 결국 타인보다 우위에 서야만 자신이 성장했다고 인식할 수 있기 때문이 아닐까? 그래도 실제로 포탄이 난무하는 상황보다는 다소 품위 있고 신사적인 섯이니 아직은 양호한 듯하다.

앞으로도 인간은 숙명적으로 대립을 반복할 테고, 우리 모두 거기서 자유롭지 못할 것이다. 하지만 어쩌면 거기에 모두가 윈윈할 수 있는 경쟁법이 숨어 있을지도 모른다. 사람들이 저마다 새로운 전투 방식을 발견해, 단순한 소모전이 아니라 생산적인 경쟁이 가능해지길 기대해 본다.

결국 마지막 페이지까지 명확한 해결책을 제시하지 않았지만, 나 역시 모든 수단을 동원하여 사고하기를 멈추지 않을 것이며 조금씩 좋은 방향으로 나아가는 사람이 되기 위해 노력할 것이다.

인간은 불완전한 존재이며,
완벽해지기란 영원히 불가능하다.
그렇게 생각하는 것이
스스로 정의 중독에서 벗어나는 길이 아닐까?

인간이 타인을 용서하지 못하는 이유
정의 중독

초판 1쇄 발행 2021년 5월 17일
초판 3쇄 발행 2022년 5월 30일

지은이 | 나카노 노부코
옮긴이 | 김현정
펴낸이 | 전준석
펴낸곳 | 시크릿하우스
주소 | 서울특별시 마포구 독막로3길 51, 402호
대표전화 | 02-6339-0117
팩스 | 02-304-9122
이메일 | secret@jstone.biz
블로그 | blog.naver.com/jstone2018
페이스북 | @secrethouse2018
인스타그램 | @secrethouse_book
출판등록 | 2018년 10월 1일 제2019-000001호

ISBN 979-11-90259-60-6 03180